M

Diğer Yolla



Benim için iyi ve
gerekli olan ne?

Dr. Gitta Jacob,
Kln. Psi. Hannie van Genderen,
Kln. Psi. Laura Seebauer

# Mod Terapisi:
# Diğer Yollardan Gitmek

## Şema Terapi'yi temel alan bir kendine yardım kitabı

Çevirenler
**Nihan Azizlerli, Muharrem Soykut**

Editör
**Miray Şaşıoğlu**

psikonet

**Mod Terapisi: Diğer Yollardan Gitmek**
Yaşam örüntülerini anlamak ve değiştirmek
**Andere Wege gehen**
Lebenmuster verstehen und verändern -
ein schematherapeutisches Selbsthilfebuch


**Türkçesi:** Nihan Azizlerli, Muharrem Soykut
**Editör:** Miray Şaşıoğlu (Klinik Psikolog)
**İç çizimler:** Claudia Styrsky
**Yayına hazırlayan:** Cem Çobanlı
5. Basım: Şubat 2017
ISBN: 978-605-85471-1-7

**Baskı ve Cilt:**
Mimoza Matbaacılık San. Tic. A.Ş.
Fazılpaşa Cad. Sezer Sanayi Sitesi No: 9/B
Topkapı, Zeytinburnu - İstanbul
Tel.: (0212) 565 88 00-01
Sertifika No: 33198

**Psikonet Yayınları**
Valikonağı Cad., Çam Ap., No: 161/8
Şişli 34363 - İstanbul
Tel.: (0212) 231 84 43
Faks: (0212) 231 22 77
info@psikonet.com
www.psikonet.com

---

# İçindekiler

# Önsöz

Günümüzde Şema Terapi yaklaşımı, Almanca konuşulan ülkelerde giderek yaygınlaşmaktadır. Birçok meslektaş ve danışan bu yaklaşıma ilgi duymaya başlamakta ve çalışmalarını bu yöntem üzerinden sürdürmek ya da bu yöntem ile tedavi görmek istemektedirler.

Bunların yanı sıra, bu terapi alanında, geçtiğimiz yıllarda heyecan verici gelişmeler yaşanmıştır: Henüz on yıl kadar önce öncelik; yaygın, uygunsuz kişilik kalıplarını tanımlayan şemalara aitti. Bunlarla ilgili, New York'tan Jeffrey Young ve arkadaşları (2006, 2008) tarafından kaleme alınan, hem terapistlerin hem de konuyla ilgili diğer kişilerin ve hastaların yararlanabileceği muhteşem bir literatür bulunmaktadır.*

Ancak, Şema Terapi popülerlik kazandıkça, önceliği gitgide, bu kitapta da açıklanmış olan Şema Modları'yla doğrudan çalışmak almıştır. Bu ağırlık merkezi kaymasının altında yatan neden muhtemelen, Şema Modu yaklaşımının, orijinal Şemalarla çalışmaktan genellikle çok daha pratik ve "kullanışlı" olmasıdır. Örneğin kişiler, halihazırda hangi Şema Modunda bulunduklarını bir dereceye kadar daha kolay hissedebilmekte ve ayırt edebilmektedirler. Böylelikle, duyguları, bu

*__Ed.n.:__ Şemalarla ilgili Psikonet Yayınları'nca Türkçe'ye kazandırılmış bir kendine yardım kitabı... *'Hayatı Yeniden Keşfedin'*, Young & Klosko, 3. Basım, 2013, İstanbul.

görece basit "sınıflandırmayı" kullanarak doğrudan ve hedef odaklı bir biçimde değiştirmek, bunu Şemalarla yapmaktan genellikle daha kolay olmaktadır. Bu yaklaşımla çalışmak bizi kişisel olarak heyecanlandırmaktadır çünkü bu yaklaşımda hem düşünceler hem de duygular dikkate alınmakta ve güncel sorunların yanında bu sorunların çocukluktaki kökenleri de kendilerine yer bulmaktadır. Şema Modlarıyla çalışırken hasta ve terapist ortak bir düzlemde buluşmakta; duyguları daha iyi anlamanın ve davranış örüntülerini belirli ihtiyaçların daha iyi dikkate alınmasını sağlayacak şekilde değiştirmenin yollarını birlikte aramaktadırlar.

Bu gelişmelerle birlikte, son yıllarda, terapistler için mod yaklaşımıyla terapötik çalışmaları anlatan ilk kitaplar da yazılmıştır (Arntz ve van Genderen, 2010; Jacob ve Arntz, 2011). Eğitimlerde karşılaştığımız ve çalışmalarını bu kitaplara göre şekillendiren terapistler, bu Şema Modu yaklaşımını meslekten olmayan ilgili kişiler veya hastalar için daha açık bir biçimde sunan bir kitap olup olmadığı sorusunu, bize gitgide daha sık sormaya başlamışlardı. Yani, Beltz Yayınevi elinizdeki bu kitapla ilgili önerisini bizimle görüştüğünde, zemin çoktan hazır bir durumdaydı... Bu kitabın amacı, bir yandan Şema Modu kavramını konuya ilgili kişiler için anlaşılır kılmak olurken, diğer yandan da bireylerin kendi modları üzerinde kendi kendilerine nasıl çalışabileceklerine ve böylece de kendilerini olumsuz duyguları ele almak için kullanılan, uygun olmayan yolları azaltarak nasıl değiştirebileceklerine kılavuzluk etmektir. Dolayısıyla, bu kitaptan bir kendine yardım kitabı olarak yararlanılabileceği gibi (Şema) Terapiye eşlik eden bir kaynak olarak da yararlanılabilir. Anlaşılamayabileceğini düşündüğümüz psikoloji terimleri, kitabın ekler bölümündeki Terimler Sözlüğü'nde açıklanmıştır. Terimler Sözlüğü'nde bulunan bu kavramlar, metin içerisinde '➤' ile gösterilmektedir.

Bu kitap, Maastricht'te (Hollanda) bulunan RIAGG ve Maastricht Üniversitesi ile Breisgau'da bulunan Freiburg Üniversitesi klinik psikoloji çalışma gruplarının oluşturduğu muhteşem işbirliğinin meyvelerinden biridir. Bize birçok ilginç içgörü ve proje kazandırmış olan bu işbirliğinden büyük mutluluk duymaktayız. Beltz Yayınevi'nden Karin Ohms ve Dr. Svenja Wahl, bize inanılmaz güvenilir, özverili, ilgili ve etkili bir biçimde destek verdi. Claudia Styrsky, bakmaya doyamadığımız harika karikatürler çizdi... Hepinize tüm kalbimizle teşekkür ederiz! Son olarak, destekleri bizim için aynı derecede önemli olan eşlerimize ve ailelerimize, bu boş zaman ve haftasonu oburuna gerekli hoşgörüyü göstermeye hep (ve bir kez daha) hazır oldukları için teşekkür ederiz!..

Freiburg ve Maastricht, İlkbahar 2011

Gitta Jacob

Hannie van Genderen

Laura Seebauer

# 1 Giriş

**Vaka Örneği**

34 yaşındaki Kerstin B. düzenli bir ilişkisi ve 4 yaşında bir oğlu olan, yarı zamanlı olarak çalışan bir resepsiyon görevlisidir. Aslında, insan ilişkilerinde yaşanan küçük şeyler Kerstin'i duygusal olarak sürekli huzursuz ediyor olmasa Kerstin'in hayatı tamamen yolunda gitmektedir. Örneğin, tam zamanlı çalışan iş arkadaşları kendi aralarında, onun anlamadığı bir şaka paylaştığında, Kerstin tedirginlik duyabilmektedir. Böyle durumlarda kendini büsbütün reddedilmiş, dışlanmış, sanki hiçbir yere ait değilmiş gibi hissetmekte ve sonra da kendini genellikle işine vermektedir. Ancak, bunların yanısıra, herhangi birisi tarafından utandırıldığında fazlaca küstahlaşabildiği de olup, sonrasında hem kendine hem de diğer insanlara öfke duyabilmektedir.

Kerstin, bu sorunu hayatı boyunca yaşamıştır... Belki de bu sorunun altında, Kerstin'in çocukluk döneminde çok sık taşınmış olması ve yeni sınıf arkadaşlarının Kerstin'i tanımalarının ilk zamanlarında onu reddetmelerini tekrar tekrar deneyimlemiş olması yatmaktadır. Kerstin, 12 yaşından itibaren, içinde bulunması zor bir sınıfta iki yıl boyunca şiddetli bir mobbinge maruz kalmıştır.

Bu, size bir yerlerden tanıdık geliyor mu? Belirli duygular hayatınıza sürekli müdahalede bulunduğu için inatçı kalıplardan kolay kolay kurtulamıyor musunuz? Bu kitapta, Şema Terapi olarak adlandırılan, psikoterapideki güncel bir gelişmeyi tanıyacaksınız. Şema Terapi'nin hedefi böyle örüntülerin kökenlerini anlamak, bunların günlük yaşantınız üzerindeki etkilerini incelemek ve değişiminizi, kendinizi daha iyi hissetmenizi, kendinizle ve ihtiyaçlarınızla, diğerlerini gözden kaçırmadan, daha iyi ilgilenmenizi sağlamaktır.

Şema Terapi, Davranışçı Terapi'nin geliştirilmiş bir biçimidir ve farklı birçok psikoterapi yaklaşımının fikirlerini birleştirmektedir. Aşağıdaki liste, farklı terapi yönelimlerinin Şema Terapi üzerinde etkili olmuş odak noktalarına genel bir bakış sunmaktadır.

**Şema Terapi'ye etki eden terapi yaklaşımları**

**Bilişsel Davranışçı Terapi.** Değişim ve tamamen somut problemler üzerindeki vurgu
**Derinlik Psikolojisi.** Psikolojik sorunların birçok durumda çocukluk ve gençlik dönemi koşullarıyla ilintili olduğu kavrayışı
**Psikodrama ve Geştalt Terapi.** Duyguların değiştirilmesi teknikleri
**Hümanistik Terapi/Danışan Odaklı Psikoterapi.** İnsani ihtiyaçların odak noktası oluşu ve psikolojik sağlığın, sadece kişilerin kendilerine özgü ihtiyaçlarının yeterli ölçüde karşılanmasıyla mümkün olduğu vurgusu

*Duygular*, Şema Terapi'de çok merkezî bir rol oynamaktadır. Çocukluk döneminde diğer insanlarla edindiğimiz deneyimler, birer yetişkin olarak duygu dünyamız üzerinde büyük bir etkiye sahiptirler. Örneğin, çocukluğunuzda reddedilme ve utancı deneyimlemişseniz (belki burnunuz büyük diye birileri okulda sizinle dalga geçmiş veya belki babanız her defasında sizin ağlayışınıza alaycı bir şekilde gülmüşse) bir yetişkin olarak da kendinizi, diğer insanların hiçbir kastı olmasa bile, reddedilmiş ve utanmış hissetmeniz muhtemelen daha kolay olacaktır. Bu duygular başka sorunlara yol açar – belki kendinizi çok fazla geri çekecek ve neredeyse hiçbir ilişkinizi sürdüremeyebilecek ya da hiç uygun olmamasına rağmen sürekli agresif tepkiler verebileceksiniz.

Bu nedenle, Şema Terapi'de hangi olumsuz duyguların sorunları oluşturduğunu ve bu duyguların nereden kaynaklandığını anlamak ilk sırada yer almaktadır. Buradan hareketle, bu duyguların yaşantınızda halihazırda hangi sorunlara yol açtığını anlamak çok çok önemlidir. Ve son olarak önemli olan, duygularınızı ve davranışlarınızı, daha mutlu hissetme ve ihtiyaçları daha iyi karşılama yolunda nasıl değiştirebileceğinizdir.

## Anlama

Problematik duygular ve bunlarla ilgili olan durumlar, bir bireyin farklı farklı içsel yanlara sahip olabileceği düşünüldüğünde daha iyi anlaşılabilir. Bu içsel yanlar "Modlar" (Mod) olarak adlandırılmaktadır. Bizler Şema Terapi'de, aşağıda belirttiğimiz yanları temel almaktayız:

**Çocuk Modları.** İnsanların çoğu aslında onlara kendilerini pek de yetişkinmiş gibi hissettirmeyen; kusurluluk, değersizlik, mutsuzluk veya yoğun öfke, meydan okuma ve hiddet gibi duyguları tanımaktadır. Bu yanlar, Şema Terapi'de "Çocuk Modları" olarak adlandırılmaktadır. Bu çocuksu yanlar tam olarak gelişememiştir çünkü belirli çocukluk dönemi ihtiyaçları yeterli ölçüde karşılanmamıştır.

**Yetişkin Modları.** Güçlü Çocuk Modlarına sahip birçok insanın, kendilerini değersizleştirmelerine ya da güçlü bir biçimde baskılamalarına neden olan yanları da vardır. Bu da çoğunlukla bireylerin kendilerine özgü geçmişleriyle ve onlar için "model" görevi görmüş kişilerle; örneğin reddeden ebeveyn, mobbing yapan sınıf arkadaşları, kardeşler, vb ile ilgilidir. Şema Terapi'de bu içsel yanlar "Yetişkin Modları" olarak adlandırılmaktadır. Buradaki ebeveyn kavramı yalnızca anne ve babayı değil aynı zamanda çocukluk ve gençlik dönemlerinde önemli taşıyan, iletişimde olduğu tüm yetişkinleri de işaret etmektedir.

**Başa Çıkma Modları.** Zorlu duygularla karşılaşan bireylerin, bu duyguların şiddetini azaltabilmek veya bunları başkalarından gizleyebilmek için mümkün olan tüm davranış örüntülerini ortaya koydukları gerçeği gitgide daha açık duruma gelmektedir. Örneğin, sosyal geri çekilme veya alkol ve uyuşturucu madde kullanımı bunlar arasında sayılmaktadır. Gerçekte zayıf hissederken çok fazla "böbürlenmek" de yine bunlardan biri olabilmektedir. Olumsuz duygularla başa çıkılmasına hizmet eden bu içsel yanlar, "Başa Çıkma Modları" olarak adlandırılmaktadır.

**Sağlıklı Yetişkin Modu.** Bireyi, hiç kuşkusuz yalnızca olgunlaşmamış olan veya uygun olmayan ögeler değil aynı zamanda bunlarla birlikte sağlıklı ve doğru işleyen bileşenler oluşturmaktadır. Yaşamı doğru organize etmekte, sorunları çözmekte, ilişkileri yürütebilmekte başarılı olan içsel yan, "Sağlıklı Yetişkin Modu" olarak adlandırılmaktadır.

**Mutlu Çocuk Modu.** İnsanlar bir yandan da eğlenceye, neşeye ve sakince rahatlamaya gereksinim duyarlar. Bu olumlu ve hoş duygular Şema Terapi'de "Mutlu Çocuk Modu" olarak adlandırılmaktadır.

Bu içsel yanların tümü kitabın ilk kısmında açıklanmaktadır. Bu kısımda önemli olan, bu modların nasıl ve neden geliştiğini, nasıl hissettirdiklerini, ne zaman ortaya çıktıklarını ve hangi davranışlarla ilişkili olduklarını anlamaktır. Böylece, belirli bazı sorularla bu modların kendinizde ne ölçülerde bulunduklarını sınayabilirsiniz. Kendi modlarınızın ve diğer insanların modlarının her birini nasıl ayırt edebileceğinize ve tanımlayabileceğinize yönelik örnekler verilmiştir.

### *Değişim*

Kitabın ikinci kısmının konusu, bu modları hangi stratejileri ve alıştırmaları kullanarak değiştirebileceğinizdir. Tüm bu değişimlerin amacı, güç durumlarla karşılaştığınızda aslında nasıl davranmak istiyorsanız öyle davranmanızı ve ihtiyaçlarınızı daha iyi algılamayı ve karşılamayı öğrenmenizi sağlamaktır. Bunun için size farklı düzeylerde alıştırmalar ve değişiklikler önermekteyiz:

**Bilişsel/Düşünsel.** Düşünceler (ya da bilişler) düzeyinde ilk olarak önemli olan, farklı içsel yanlarla ilgili mümkün olduğu kadar çok şey keşfetmek ve gerçekçi değişim planları oluşturmaktır. Metinde yer alan kayıtlar ve çalışma sayfaları size bu konuda yardımcı olacaktır.

**Duygusal/Duygulanımsal.** Zorlu duyguların değişimi üzerinde doğrudan nasıl çalışabileceğinizi göstermek üzere sıklıkla önerilerde bulunulur. Bunların yanında imgeleme çalışmaları da sıklıkla önerilmiştir. Bu alıştırmada kişinin yaptığı, belirli bir durumda belirli bir biçimde davranmayı hayal etmektir. Bu teknik, basitçe aynı durum üzerine düşünmekle açığa çıkarılan duygulardan çok daha güçlü olan duyguları açığa çıkarabilmektedir.

**Davranışsal/Eylemsel.** Davranış kalıplarının değiştirilmesi genellikle bilişsel ve duygusal çalışmanın ardından gelmektedir. Metinde, kökleşmiş davranış kalıplarının değiştirilmesine ilişkin önerilere ve örneklere tekrar tekrar rastlayacaksınız.

Doğal olarak, her insan eşsizdir ve her insanın içsel yanları diğerlerinden farklılık gösterir. Buna göre, bu kitabın farklı okurları da bu kitaptan farklı yararlanacaktır. Belki sizi ilgilendiren, yalnızca bu yeni terapi yaklaşımı ile ilgili biraz bilgi edinmek ya da kendinize veya başkalarına bir de bu yaklaşımın perspektifinden bakmaktır. Belki de şiddetli bir duygusal sorun altında ezilmekte ya da sizi uzun süredir rahatsız etmekte olan belirli davranış kalıplarını değiştirmek istemektesinizdir. Bununla birlikte bu kitap, ciddi psikolojik rahatsızlıkların mevcudiyetinde kesinlikle terapi görevi görmeyecektir.

Umarız ki bu kitapta, kendinizle ve içsel yanlarınızla yüzleşebilmenin heyecanını yakalayabilirsiniz. "İçinize yapacağınız yolculukta" iyi eğlenceler dileriz!

# I

# İçsel Yanları Tanımak

# 2 Çocuk Modları

Kimi zaman her insan bir çocuk gibi hisseder ve davranır. Ancak, çocuksu davranışların uygun olmayacağı durumlarda bu yanlarımızı çoğunlukla kontrol altında tutarız. Kişinin çevresini ve çevresinde bulunan insanları algılayış biçiminin çocukların algılayış biçimiyle benzeştiği bu "haller" Çocuk Modları olarak adlandırılır. Örneğin çocuklar, başkaları yoğun duygular içindeyken kendilerini onların yerine koymakta çoğunlukla güçlük çekerler; bu aynı zamanda, bu modda bulunan yetişkinler için de geçerli olabilir. Çocuk Modları diğer yandan kişinin çevresine ve çevresindeki insanlara tepki verme biçimi yönünden de çocuklarla benzerlik gösterir. Bu biçim, kendini özellikle, davranışların akılla kontrol edilmesinin zor olduğu durumlarda ortaya koymaktadır. Örnek vermek gerekirse, Çocuk Modlarında şunlar gerçekleşebilir: Kişinin, yöneticisiyle yaptığı gergin bir görüşme sırasında ağlamaya başlaması veya kişinin eşiyle yaşadığı bir tartışmanın ardından çaresizlik duygusuyla kapıyı sertçe çarpıp çıkması.

**!** Çocuk Modları, tek başına içinde bulunulan mevcut durum aracılığıyla açıklanamayacak olan çok güçlü ve yoğun duygular hissedildiğinde aktif duruma gelirler. Kişinin kendisi veya kişiye dışarıdan bakan insanlar; mutsuzluk, öfke, utanç ve yalnızlık gibi duyguların aslında abartılı bir biçimde hissedildiğinin çoğunlukla farkındadır. Buna rağmen, kişiler Çocuk Modundayken bu duygulardan kurtulmakta başarılı olamamaktadır.

Çocuk Modları genellikle, başkaları tarafından reddedildiğimizi, yalnız bırakıldığımızı veya baskı altında tutulduğumuzu hissettiğimizde aktif hale gelirler. Yakınlık, güvenlik veya otonomi gibi subjektif temel insani ihtiyaçlar bu durumda tehdit altındadır (*Bkz. Tablo, sayfa ....*). Sözgelimi, uzun zamandır görmek istediğiniz bir filmi izlemek üzere birlikte sinemaya gitmeyi teklif ettiğiniz arkadaşınız bu teklifinizi reddetti; bu nedenle kendinizi hayal kırıklığına uğramış, sevilmemiş ve terk edilmiş ve hatta öfkeli hissedersiniz. Arkadaşınızın, teklifinizi reddetme nedenlerini aslında çok iyi kavrayabilmenize ve tarafsız baktığınızda, onun sizi terk etmediğini veya terk etmeyeceğini görüyor olmanıza rağmen güçlü duygularınıza yenilerek ağlamaya başlayabilir veya yatağınıza sığınabilirsiniz. Böyle tepkiler gösteriyorken, arkadaşınızın davranışını, insanlarla aranızdaki güvenilir bağlara olan temel ihtiyacınıza yönelik bir saldırıymış gibi hissediyor olabilirsiniz. Bir bireyin psikolojik zorunları ne kadar şiddetliyse bu bireyin Çocuk Modlarını yaşaması da çoğunlukla o kadar yoğun olmaktadır. Dolayısıyla, objektif bir biçimde değerlendirildiğinde küçük ve önemsiz olan tetikleyiciler, hayli zorlayıcı duyguları tetikleyebilmektedirler – burada, bir kişinin, işyerine yeni aldığı bir giysiyle gitmesi fakat kişinin iş arkadaşlarının bu giysiyle ilgili herhangi bir iltifatta bulunmaması örnek olarak verilebilir. Kişinin iş arkadaşları muhtemelen yalnızca başka şeylerle meşgul olduklarından bu giysinin farkında varamamışlardır ancak bu durum kişide, yoğun yalnızlık ve sevilmiyor olma hislerini açığa çıkarabilir. Bu bölümün devamında, kimi durumların bazı insanlarda Çocuk Modunu niçin hızlıca "devreye soktuğunu" öğreneceksiniz.

### Temel Duygusal İhtiyaçlar

Temel duygusal ihtiyaçlar, her insanda var olan ana ihtiyaçlardır. Bununla birlikte bu ihtiyaçlar çeşitli derecelerde kendilerini gösterebilirler. Bu temel ihtiyaçlar Şema Terapi'de 5 alana ayrılmaktadır (Young, 2008):

(1) *Diğer insanlarla kurulan güvenilir bağlar*. Bu alan, güvenlik, istikrar, ilgi/bakım ve başkaları tarafından sevilme ve kabul görme ihtiyaçlarını kapsamaktadır.

(2) *Bağımsızlık, yeterlilik ve kimlik duygusu*. Bu alan, bireyin hangi konularda başarılı olduğunu ve kendini diğer insanlardan öne çıkaran şeylerin neler olduğunu kavrayışını içermektedir.

(3) *Özgürlüğü, haklı ihtiyaç ve duyguları ifade etme*

(4) *Kendiliğindenlik, eğlence ve oyun*

(5) *Gerçekçi sınırlar*. Özellikle çocukların kendi sınırlarını tanımaları ve bu sınırların dışarıdan konuluyor olması önemlidir.

Psikolojik bakımdan sağlıklı bir insan için, hayatı, bu ihtiyaçların "büyük ölçüde" karşılandığı biçimde şekillendirebilmek daha kolay olmaktadır.

**Çocuk Modlarının Üç Türü.** Çocuk Modları üç türe ayrılır. Bunların ilki çoğunlukla utanç, yalnızlık, korku, mutsuzluk veya tehdit altında hissetme gibi zorlayıcı ve acı verici duygularla birlikte seyreden türdür. Bunlar aynı zamanda *İncinmiş Çocuk Modu* olarak adlandırılmaktadır.

İkinci kategori agresiflik, öfke, dürtüsellik ve karşı gelme gibi duygularla karakterize olmaktadır. Bunlar, *Kızgın veya Dürtüsel Çocuk Modu* olarak adlandırılır. Dürtüsellik, bireyin içinde bulunduğu an'a göre, doğacak sonuçlar üzerinde düşünmeden davranışta bulunması anlamına gelmektedir. Bir çalışanın, patronunun yaptığı eleştirel yorumların kendisinde yarattığı öfke ve incinmişlikle, eve dönüş yolunda özellikle riskli araç kullanması buna örnek gösterilebilir.

Üçüncü Çocuk Modu, *Mutlu Çocuk* olarak adlandırılan sağlıklı bir içsel yandır. Kişi bu moddayken neşe veren ve merak uyandıran oyun ve yaşantıların tadını çıkarabilir. Zaman zaman bu modların birinde olduğunuzu düşünüyorsanız, bulunduğunuzu düşündüğünüz modlara size göre uygun olabilecek bir ad vermeniz çok yararlı olabilir.

| **İncinmiş Çocuk Modu**<br>Modun size göre adı:<br>.................................... | **Kızgın ve Dürtüsel Çocuk Modu**<br>Modun size göre adı:<br>.................................... | **Mutlu Çocuk Modu**<br>Modun size göre adı:<br>.................................... |
|---|---|---|
| ➤ Mutsuzluk<br>➤ Yalnızlık<br>➤ Umutsuzluk<br>➤ Çaresizlik<br>➤ Utanç<br>➤ Terk Edilmişlik | ➤ Yoğun, Hiddet ve Öfke<br>➤ Dürtüsellik<br>➤ Karşı Gelme, "İnatçılık"<br>➤ Disiplin Eksikliği | ➤ Hafiflik, Canlılık<br>➤ Meraklı Olma<br>➤ Eğlenme, Neşelilik<br>➤ Güvenlik |

İncinmiş Çocuk Modu için "küçük Lisa", Kızgın Çocuk Modu için ise "inatçı keçi" bu adlara örnek olabilir. Böyle yaparak kendi Çocuk Modlarınızla daha kolay iletişim kurabilir ve bu modların ortaya çıktığı durumları daha iyi tanıyabilirsiniz.

> **! Her insan mutsuzluğun da öfkenin de ne olduğunu bilir. Öyleyse, bir Çocuk Modunun aktif hale gelip gelmediğini ve hissettiklerinizin yalnızca "tamamen normal" duygular olup olmadığını nasıl anlayabilirsiniz?**
>
> Aslında tüm insanlar, aktif olan Çocuk Modlarında hissedilen duyguları tanımaktadırlar. Burada belirleyici fark şudur: Çocuk Modları genellikle kolay fark edilmeyen nedenlerle aktif hale gelirler ve bu modlar tarafından uyandırılan duygular aşırı yoğun biçimde açığa çıkar. Çocuk Modları için söylenebilecek bir başka tipik özellik de bu modlarda bulunan kişilerin duygularını ve çevrelerine gösterdikleri tepkileri güçlükle kontrol edebiliyor olmalarıdır.

## 2.1 İncinmiş Çocuk Modları

İncinmiş Çocuk Modları çeşitli duygularla birlikte hareket edebilmektedir. Birçok insan, özellikle hangi duyguların kendileri için sorunlu olduğunu oldukça iyi ifade eder. İnsanların bir yandan da iç içe geçmiş, karmaşık duyguları deneyimlemeleri ender rastlanan bir şey değildir. Aşağıdaki örnekler hiç kuşkusuz eksiksiz olmasa da size, kendi üzerinizde yapacağınız arayışta fikir verebilirler. Vaka örnekleri de, İncinmiş Çocuk Modu'nun hangi durumlarda ortaya çıkabildiğini kavramanıza yardımcı olacaktır.

**Terk Edilmişlik.** Bazı bireylerde, kendilerinin birileri tarafından terk edilmiş oldukları hissi veya yakın gelecekte kesinlikle terk edilecekleri kaygısı egemendir. Yalnızlık ve terk edilmişlik, hem tanımadığımız insanlar arasında hem de yakınlarımızla birlikteyken yaşanabilir. İncinmiş Çocuk Modu'nda bulunan ve kendilerini özellikle yalnız ve terk edilmiş hisseden insanlar, kendilerinin çocukluk ve gençlik dönemlerinde önemli kişilerce terk edilmiş olduklarını sıklıkla ifade ederler. Örneğin, bu bireylerin bazılarının babaları aileyi terk etmiş, kimileri için de önemli olan insanlar ölmüş olabilir ya da bazıları çocukluk dönemlerinde farklı farklı bakıcı ailelerle yaşamış ve tekrar tekrar yer değiştirmiş olabilirler.

**Vaka Örneği**

Kathrin M. panik ataklardan ve kendi vücuduyla ilgili hissettiği güçlü bir yabancılaşma duygusundan yakınan 34 yaşında bir ortaokul öğretmenidir. Bu sorunlar özellikle, Kathrin'in uzunca süren aile ziyaretlerinin ardından artık kendi evine "dönmek zorunda" olduğu anlarda ve aslında orada arkadaşları olmasına rağmen, ortaya çıkmaktadır. Kathrin terapide, diğer insanlara neredeyse hiç yakınlık hissetmediği ve pek de bağlılık "gerektirmeyen", sıkı olmayan ilişkilere sahip olduğundan bahsetmekte, bunları anlatırken de mutsuz olmakta ve zaten kimsenin kendisine gerçekten tahammül edemeyeceği hissine kapılmaktadır. Terapist bunun, Kathrin'in annesini iki kez kaybetmiş olmasıyla ilgili olabileceğini düşünmektedir: Kathrin'in öz annesi, Kathrin henüz 2 yaşındayken ölmüş; çok iyi anlaştığı üvey annesi ise yaşamını beyin kanaması nedeniyle aniden, Kathrin 16 yaşındayken yitirmiştir.

**Dışlanmışlık.** Bazı bireylerde aidiyet duygusu eksiktir ve bu bireyler, adeta dünyanın geri kalanından kopartılmışlar gibi, diğer insanlardan yalıtılmış olduklarını hissederler. Bunun kökleri genellikle, örneğin yaşanılan yerin sıklıkla değişmiş olmasıyla veya farklı bir dini topluluğa aidiyet ile edinilen ait olmayış deneyimlerinde yatmaktadır. Erken dönemlerde aile veya kardeşlik bağlarının dışında kalmış olmak da ciddi ve travmatik deneyimler olabilmektedir. Böylece diğer insanlardan gelen, örneğin bir kutlamada oturma düzeninin belirlenmiş olması gibi küçük sinyaller, yetişkinlikte dışlanmış Çocuk Modunu aktif hale getiren tetikleyiciler olabilmektedir.

## Vaka Örneği

Judith P. ve ailesi, Judith henüz çocukken sık sık taşınmışlardır. Ailesiyle birlikte yerleştiği yerlerde Judith hep "yeni gelen çocuk" olmuş ve dışlandığını hissetmiş, oraların bir parçası olamamıştır. Kendisi şu anda üniversite eğitimini sürdürmektedir ve iyi arkadaşlar da edinmiştir - ancak örneğin kendisinin üniversite arkadaşları planlamış oldukları bir buluşmaya onu da dahil ettiklerini açık bir biçimde belirtmiyorlarsa Judith kendini çabucak dışlanmış ve onlardan biri değilmiş gibi hissetmektedir fakat aslında tarafsız bakıldığında durum kesinlikle böyle değildir.

**Güvensizlik.** Güvensizlik veya sürekli tehdit altında olma duygusu, kişinin tehlike işaretlerine karşı çok duyarlı olmasını ve diğer insanlara temelde var olan bir kuşkuyla yaklaşmasını içermektedir. Bu bireyler, diğer insanlardan zarar görmemek için sürekli tetikte olmak zorunda olduklarını hissederler. Tıpkı daha önce açıklanmış olan duyguların nedenleri gibi tehditlere karşı duyulan kaygının nedenleri de genellikle çocukluk ve gençlik dönemlerinde edinilen önemli deneyimlerde yatmaktadır. Örneğin, tek başına kapıdan gelen bir anahtar sesi bile çocukluğunda cinsel istismara uğramış bir kişinin vücudunun alarm durumuna geçmesine neden olabilmektedir. Çocukluğunda okul yolunda okul arkadaşlarının zorbalıklarına ve alaylarına maruz kalmış bir bireyin, diğer insanların kendisinin arkasında ona çok yaklaşarak yürümelerine tahammül edememesi de yine buna örnek gösterilebilir.

### Vaka Örneği

Emilie F. karanlıktan çok korkmakta ve bu yüzden de genellikle ışıkları açık bırakarak uyumaktadır. Eşi eve gelemeyecekse, geceyi çoğunlukla bir arkadaşının evinde geçirmektedir. Dışarıdan gelen tuhaf sesler duyduğunda kaskatı kesilip korkuya kapılmakta ve sokaktaki her gölge onun ürküp, kendisini çaresiz hissetmesine neden olmaktadır. Emilie, babasının aşırı öfkeli birisi olması nedeniyle çok zor bir çocukluk geçirmiştir. Babasının canı ne zaman bir şeye sıkkın olsa Emilie ya da kardeşleri ondan dayak yemişlerdir. Anneleri de onları koruyamamış çünkü zaten o da babalarının uyguladığı şiddetin çaresiz kurbanı olmuştur.

**Utanç/Değersizlik.** Egemen olan duygu utanç olduğunda, kişi sanki diğer insanların sevgisini, ilgisini veya saygısını hak etmiyormuş gibi; kendisinin yetersiz, kötü, değersiz veya istenmeyen olduğunu hissetmektedir. Bunlara çoğunlukla kişinin benliğine karşı hissettiği derin bir utanç duygusu da eşlik etmektedir. Böyle hisseden kişiler tipik olarak, çocukluklarında değersizleştirici imaların veya aşağılayıcı davranışların kurbanı olduklarını ifade etmektedirler.

### Vaka Örneği

Sebastian E.'nin okul yıllarında, sınıfta sadece birkaç gözde öğrencisi bulunan bir Almanca öğretmeni olmuştur. Bu öğretmen, ergenlikle birlikte vücudunda gerçekleşen ani değişimlerden ötürü kendisinden pek de emin olamayan ve tuhaf hisseden Sebastian'a adeta "kafasını takmış", Sebastian ne zaman tuhaf davransa, onu tüm sınıfın önünde küçük düşürmüştür. Sınıf arkadaşları bu durumlara kahkahalarla gülmüş ve Sebastian'a kendisini aşırı şekilde aşağılanmış hissettirmişlerdir. Bunların üzerinden 20 yıl geçmiş bulunmakta ve kendisi şu anda başarılı bir bilgi teknolojileri danışmanı olarak çalışmaktadır. Günün birinde bir iş toplantısında Sebastian yazı tahtasının üzerine düşer ve iş arkadaşları da gülüşmeye başlarlar. Bunun üzerine Sebastian, içinde tırmanan yoğun utanç ve çaresizlik duygularıyla kendini tuvalete kapatmış ancak orada da dakikalar boyunca sakinleşememiştir.

**Duygusal Yoksunluk.** Kendilerinde özellikle duygusal yoksunluk bulunan bireyler çocukluklarından bahsederken tipik olarak "hemen hemen her şeyin yolunda" olduğunu ifade etmektedirler. Ancak bu bireyler nedense herhangi birinin kendilerine gerçek ve şefkatli bir ilgi göstermiş olduğunu hissetmemiş; güvende, emin ellerde ve sevilmiş oldukları duygularına sahip olmamışlardır. Birer yetişkin olarak bu bireylere özellikle acı çektiren pek bir şey yoktur çünkü bu bireyler temelde nelerden yoksun olduklarını bilmemektedirler. Bu kişiler, kendilerine kötü davranılmış olduğu duygusuna sahip olmamakla birlikte başkaları için gerçekten önemli olduklarını ve sevilmeye değer olduklarını da hiç hissetmemişlerdir.

**Vaka Örneği**

Genelde pek bir sorunu olmayan 38 yaşındaki Michael K. patronlarının memnuniyeti için her şeyi yapan bir bankacıdır. İyi bir evliliği ve birkaç arkadaşı vardır. Bununla birlikte Michael, hiçbir ilişki içinde diğer insanlara gerçekten yakın olduğunu ve onlar tarafından sevildiğini hissetmemektedir. Michael, işyerindeki insanların sevgisini gösterdiği iyi performansla, ailesi ve arkadaşlarının sevgisini ise onlara sunduğu adanmışlıkla kazanabileceğine inanmaktadır. Aslında bu sevgi kendisine zaten verilmektedir ancak o, çoğunlukla böyle hissetmemektedir. Michael'ın çocukluğunda "aslında her şey yolunda" imiş ancak hem annesi hem de babası çok meşgul insanlarmış ve genellikle de uzakta olurlarmış; işte bu yüzden Michael hep, "bir yandan da çocuklarla ilgileniyor olmanın" anne ve babası için çok fazla olacağını hissetmiştir.

### *Kendimde İncinmiş Çocuk Modlarının olduğunu nasıl anlarım?*

Açıklamalar ve vaka örnekleri aracılığıyla İncinmiş Çocuk Modlarının nasıl hissettirdiğine ilişkin belki bir fikir edinmişsinizdir. Aşağıdaki sorunları temel alarak kendinizde bir İncinmiş Çocuk Modunun bulunup bulunmadığını sınayabilirsiniz. Eğer bu ifadelerin sizin için sıklıkla geçerli olduğunu düşünüyorsanız, bu, Çocuk Modunun varlığının bir işareti olabilir. Ancak eğer bu ifadeler sizin için nadiren geçerli oluyorsa, siz muhtemelen, böyle duyguları tanıyan fakat bunlarla ilgili ciddi bir sorunu olmayan insanlardan birisiniz.

- Kendimi dünya üzerinde genellikle yalnız hissediyorum.
- Kendimi zayıf ve çaresiz hissediyorum.
- Kimsenin beni sevmediği gibi bir duyguya sahibim.

Bu ifadelerden birini ya da birden fazlasını onaylıyor musunuz? "Aslında" herhangi bir neden olmamasına rağmen kendinizi sık sık mutsuz, terk edilmiş veya kaygılı hissediyorsanız, bu durum muhtemelen, genellikle kendi yaşam öykünüzle bağlantılı olan İncinmiş Çocuk Moduyla ilgilidir.

Eğer İncinmiş Çocuk Modunuzu daha iyi anlamak istiyorsanız, aşağıdaki soruları ve "Benim İncinmiş Çocuk Modum" (Ekler Bölümü s. 185) başlıklı Çalışma Kağıdındakileri yanıtlamanız yararlı olacaktır.

- İncinmiş Çocuk Modunuzu harekete geçiren tipik tetikleyiciler nelerdir? Bu modunuz genellikle hangi durumlarda ortaya çıkmaktadır?
- Bu moddayken çoğunlukla hangi duyguları hissediyorsunuz?
- Bu moddayken tipik olarak hangi düşüncelere sahip olmaktasınız?
- Bu düşüncelerinizle birlikte hangi anılar ve imgeler açığa çıkmaktadır?
- Bu moddayken vücudunuzu nasıl hissediyorsunuz?
- Bu moddayken genellikle nasıl davranıyorsunuz; diğer insanlara nasıl tepkiler veriyorsunuz?

Biraz dikkat ve zamanla bu modu algılamayı ve bu modun niçin ortaya çıktığını anlamayı gitgide daha iyi başaracaksınız. Burada toplamış olduğunuz bilgileri Mod Tablosu'na girebilirsiniz. (Bu tablo Ekler Bölümü, sayfa 185-186'da yer almaktadır.)

### *Başkalarında İncinmiş Çocuk Modlarının olduğunu nasıl anlarım?*

Bir kişinin küçük nedenlerle "alınıyor olduğunu", kırılgan ve çabucak ağlayabilecekmiş gibi gözüktüğünü hissediyor olmanız, bu kişinin bir İncinmiş Çocuk Modu'nun işareti olabilir. Bu kişinin sizinle olan ilişkisinden sürekli emin olmaya çalışması da yine bu modun bir başka belirtisi olabilir. Örneğin bu kişi şöyle sorabilir: "Bu akşam arkadaşlarınla buluştuğunda benim de sizinle olmamı gerçekten istiyor musun?" İncinmiş Çocuk Modu'nu aynı zamanda, tipik bir hatalı düşünme biçimi olan siyah-beyaz-düşünme aracılığıyla da oldukça kolay fark edebilirsiniz. Bu düşünme şekli, dünyanın iyi ve kötü olarak ayrılmış olduğu anlamına gelmektedir. Bir kız arkadaşınızın erkek arkadaşıyla yaşadığı bir anlaşmazlıkta göstermiş olduğu davranışa getirdiğiniz küçük bir eleştiriyi, erkek arkadaşının tarafını tutuyormuşsunuz gibi düşünmesi buna örnek olabilir.

Bir arkadaşınızın, tanıdığınızın ya da yakınınızın İncinmiş Çocuk Modunda olduğu bir durum hatırlayabiliyor musunuz? Bu modun bu kişide nasıl açığa çıktığını yeniden düşünebilir misiniz? Kişi bu moddayken nasıl davranışlarda bulunuyordu? Bu kişi o durumda nelere gereksinim duyuyordu? Kendiniz bu durumda nasıl hissetmiş ve davranmıştınız?

Belki onun duygularını onunla paylaşmış ve kendisine bunu gerçekten gösterebilmişsinizdir. Belki de kendinizi zorlanmış ve çaresiz hissetmiş ya da kişi o anda rasyonel fikirlere ve tesellilere açık olmadığından öfkelenmişsinizdir. Böyle durumlarda bunların hepsi gerçekleşebilir. Kendi tepkilerinizi iyi hatırlayabiliyorsanız, diğer insanların

İncinmiş Çocuk Modundayken nasıl hissettiğini muhtemelen daha kolay anlayabilirsiniz.

## 2.2 Kızgın ve Dürtüsel Çocuk Modları

Bu çocuk modlarında da kişi kendini genellikle tam bir yetişkinmiş gibi hissetmez. Bu modlar, bireyin ihtiyaçlarının yeterince dikkate alınmadığını hissediyor olmasıyla ortaya çıkmaktadır. Merkezde, "kızgın" duygular olarak adlandırılan öfke ve hiddet vardır. Bu modun belirleyici davranışları, görünür bir öfke ve hiddetle sergilenebilmekte ya da aynı zamanda inatçılık ve disiplinsizlik biçiminde gözlenebilmektedir. Bu modda şımarıklık davranışı da ortaya çıkabilmektedir.

Yine burada da –hiddet, öfke, karşı gelme, şımarıklık gibi– çeşitli duygu ve davranış biçimlerinin, tüm farklılıklarına rağmen açık benzerlikleri de olduğu için, bir arada ele alındığını muhtemelen fark etmişsinizdir. Bunların arasındaki en önemli benzerlik, ihtiyaçların aşırı ve uygunsuz bir biçimde (ya duygusal açıdan çok şiddetli, ölçüsüz bir hiddetle ve yoğun öfkeyle ve/veya şımarıklık, karşı gelme ve dürtüsellik davranışlarıyla) ifade edilmesinde yatmaktadır. Öte yandan bireyin, temelde var olan ihtiyaçların ve kendine özgü ihtiyaçlarının karşılanmaması halinde öfke duymasının normal olduğu gerçeği de önemlidir. Ancak bu modlarda, bunların ifade ediliş biçimi olan davranışlar uygun şekilde dile getirilmemektedir. Okunabilirliği kolaylaştırma nedeniyle, tüm bu duygular için başlangıçta "Kızgın Çocuk Modları" kavramını kullanıyor olacağız. Daha sonra da çeşitli görünümler arasındaki keskin ayrımlara odaklanacağız.

Kızgın Çocuk Modları ile bir önceki başlık altında ele alınan İncinmiş Çocuk Modları çoğunlukla ya eşzamanlı olarak ya da birbirlerinin ardından ortaya çıkarlar. Örneğin bir arkadaşınızın sinemaya gitme davetinizi geri çevirmesi üzerine ilk olarak öfkelenebilirsiniz; ancak bunun ardından mutsuz olabilir, kendinizi yalnız ve reddedilmiş hissedebilirsiniz. Bu durumda öncelikle Kızgın Çocuk Modu ve sonra da mutsuz, reddedilmiş çocuk modu aktif duruma gelmiştir. Bunun tersi de gerçekleşebilir – kendinizi başlangıçta mutsuz ve terk edilmiş hissedebilir ve sonra "öfkeden köpürebilirsiniz". Birçok insan, diğer insanlarla yüzleştiğinde bu "karışık duyguları" gayet açık bir biçimde deneyimlemektedir. Bu birbirine karışmış duygular, örneğin arkadaşınıza, ona ne kadar öfkelenmiş olduğunuzu söylemek istediğiniz ilk fırsatta ortaya çıkabilirler. Öfkeniz üzerine konuşurken ağlamaya başlayabilirsiniz... Ve şimdi Kızgın ve İncinmiş Çocuk Modları yeniden oyuna dahil olmuşlardır!

Kızgın Çocuk Modlarında çeşitli duygular yer alabilmektedir. Önemli olan, kişinin kendi Kızgın ve Dürtüsel Çocuk Modunda hangi duyguların ön planda yer aldığını tam olarak anlamasıdır. Bunlar, saf öfke ya da daha çok karşı gelme veya "inatçılık" gibi duygular mıdır? Bana haksızlık edildiğini mi hissediyorum ve bu yüzden çok mu öfkeleniyorum? Ya da ben aslında, temelde tüm insanlar ve kendim için geçerli olan sınırları kabul edemeyecek kadar şımartılmış birisi miyim? Muhtemel duygularla ilgili aşağıda yer alan liste, size bu modların nasıl ortaya çıktığına dair bir fikir verecektir. Doğal olarak bu farklı duygular, tıpkı İncinmiş Çocuk Modunda olduğu gibi burada da iç içe geçmiş bir biçimde ortaya çıkabilirler.

**Öfke.** Egemen duygu öfke olduğunda kişi, kendisinin (anlayış veya ilgi gibi) duygusal ihtiyaçları karşılanmadığı için yoğun bir kızgınlık ve güçlü bir hayal kırıklığı deneyimler. Öfke, karşıdaki kişinin incinmesine neden olan talepler veya suçlamalarla çok şiddetli bir biçimde ifade edilebilmektedir. Bununla birlikte öfke "yutuluyor" da olabilir ancak kişi çoğunlukla bu durumda da öfkeyi hissetmeye devam eder – fakat bu öfke o kadar açık bir biçimde dışarıya sızmaz!

**Vaka Örneği**

41 yaşında bir yazılım mühendisi olan Harald P. diğer insanları memnun edebilmeye ve sürekli iyi bir görünüm sergilemeye hevesli biridir fakat aynı zamanda da çok kırılgandır. Harald, kendisini kolaylıkla reddedilmiş hissedebilmekte ve diğer insanlar tarafından kendisine haksızlık edildiği, adil davranılmadığı duygusuna çok çabuk kapılmaktadır. Çocukluğunda, aile içinde çok fazla eleştirilmiş, çok az sevgi ve ilgi görmüştür; işte bu yüzden bu konuda çok hassastır. Bunları hissettiğinde öfke duymakta, karşısındakine alaycı ve kızgın davranabilmektedir ya da örneğin birisi ona yalnızca iyi niyetli bir öneri sunmak istediğinde bile o kişiye kaba bir dille e-postalar yazabilmektedir.

**Hiddet.** Hiddet egemen olduğunda duygular özellikle çok güçlüdür ve kişi muhtemelen kendisini engelleyen hiçbir şeyin varlığını hissetmemektedir. Kızgın Çocuk Modu devredeyken, bir şeyleri kırıp dökme, diğer insanlara saldırma veya diğer insanları yaralama davranışları ortaya çıkabilir. Ön plandaki duygu, öfkeli bir çocuğun tamamen "kontrolden çıkmışçasına", çığlık çığlığa etrafa saldırırken ve (varsaydığı) düşmandan kendini korurken hissettiği gibidir. Öfke ve hiddet birbirlerine çok benzerler. Bunların arasındaki temel fark duygunun şiddetidir – hiddet öfkeden çok daha yoğundur ve öfkeye göre çok daha zor kontrol altına alınabilmektedir.

**Vaka Örneği**

Alexia P. çocuklarıyla da ilgilenebilmek için çoğunlukla geceleri çalışmakta olan bir hastabakıcıdır. Üç çocuğu vardır ve hem yorucu işi, hem de ailenin büyüklüğü nedeniyle kendisini aşırı yük altında hissetmektedir. Alexia, işten eve çoğunlukla tamamen bitkin ve gergin bir halde dönmektedir. Koridorda durup, çocuklarının montlarının ve okul eşyalarının ortalığa öylece saçılmış olduğunu gördüğünde sıklıkla öfkeden köpürmekte, evin kapısını kıracak kadar sert çarpıp bağırarak küfürler etmeye ➤

başlamaktadır. Eşi ona sık sık sakin olması ve aşırı tepki göstermemesi gerektiğini söylemektedir. Ancak bu hiçbir şeye yaramamakta, Alexia küçük bir sorun karşısında yine "küplere binmektedir." Çocukluğunda Alexia çok fazla yalnız kalmıştır; Alexia'nın annesi sürekli çalışmıştır, babası ise ağır alkoliktir ve neredeyse hiçbir şeyle ilgilenmemiştir. Özellikle de alkollüyken sıklıkla öfke patlamaları yaşamaktadır. Alexia akıllı ve uyanık bir çocuktur ve hayatla kendi başına başa çıkabilmeyi erken öğrenmiştir - ancak bunu çoğunlukla, hayatını zorlaştırmış oldukları için haksızlıklara büyük bir öfke göstererek yapmaktadır.

**Karşı Gelme.** Karşı gelme ya da "inatçılık", kişinin öfkeyi hissetmesi ancak onu doğrudan ifade etmemesi anlamına gelmektedir. Ancak bu öfkeyi diğer insanlar belirgin biçimde algılarlar çünkü kişi kendisini "inatçı şekilde" geri çekmekte ve öfkesini diğer insanlara daha pasif bir yolla hissettirmektedir. Bu Çocuk Modunda hissedilen öfke genellikle, kişinin kendine özgü otonomisi ve özgürlüğünün diğer insanlarca tanınmıyor olduğu duygusuna sahip olmasıyla ilgilidir (örneğin "Tabii ki bana yine kimse bir şey sormuyor..."). Kişinin kendisine adil davranılmadığı duygusu, açık bir şekilde gözlenen Kızgın Çocuk Modlarında çoğunlukla ön planda bulunur.

**Dürtüsellik.** Dürtüsel davranış, kişinin diğer insanları ve kendisi için oluşabilecek muhtemel olumsuz sonuçları dikkate almadan ihtiyaçlarını tatmin etmesi anlamına gelmektedir. Kişi örneğin sahip olmak istediği bir şeyi, o şey kendisi için gerekli olmasa ve maddi durumu kırmızı alarm veriyor olsa bile satın almaktan vazgeçmeyi başaramıyor olabilir. Uyuşturucu madde kullanımı, gelişigüzel ve/veya korunmasız cinsellik, yeme bozuklukları gibi davranışlar da yine dürtüsel davranışlar arasındadır. Bu davranış tiplerinin hepsinde "kontrolsüz" ihtiyaç tatmini bulunmaktadır. Bu davranışları dışarıdan gözlemleyen birisi muhtemelen başını sallayarak bunların gereksiz ve uygunsuz olduğunu düşünecektir. Bu tip davranışların üzerinden geçen zamanla birlikte bireyler, böyle dürtüsel davranmış oldukları için"pişmanlık" duyabilirler. Dürtüsel Çocuk Modunda, bir şeye kesinlikle sahip olmak ya da bir şeyi kesinlikle yapmak isteme dürtüsü en ön plandadır.

**Vaka Örneği**

Mona K. 21 yaşındadır; üniversite eğitimine yakın bir zamanda başlamıştır ve öğrencilik hayatının tadını çıkartmaktadır. Mona özellikle sık sık öğrenci partilerine katılmakta, bu partilerde çok fazla alkol tüketmekte ve sonra kendisini yeni tanışmış olduğu birisiyle aynı yatakta bulmaktadır. Kimi zaman ayıldığında, kendisini hastalıklara ve hamileliğe karşı korumamış olduğu için büyük bir korkuya kapılmaktadır. Ancak Mona bir sonraki partide kendini yine eğlenceye kaptırmakta ve bu kaygıların herhangi birisini aklına getirmemektedir. Fakat bu durum zaman geçtikçe gerçekten sorunlu bir hal almıştır çünkü Mona artık üniversiteye neredeyse hiç uğramamakta ve bir yandan da gitgide karşılayabileceğinden çok daha fazla para harcamaktadır. Mona, görece kaotik bir ailede büyümüştür. Mona'nın annesi ve babası, çocuklar ve gençlerin her şeyi denemeleri gerektiği fikrinde olduklarından Mona'ya çok az sınırlama getirmişlerdir. Bunun yanısıra Mona'nın annesi ve babası çok fazla evde bulunmamışlar ve bu yüzden de Mona kısmen, kendisininkine benzer bir yaşam tarzına sahip olan ablası tarafından büyütülmüştür.

**Şımartılmışlık.** Şımartılmışlık ve dürtüsellik büyük oranda örtüşebilir. Güçlü dürtüselliklerini, dönüp baktıklarında olumsuz karşılayan bireylerden farklı olarak şiddetli bir Şımartılmış Çocuk Moduna sahip olan bireyler, diğer insanlarla aynı sorumluluklara sahip olmamalarının normal olduğuna inanırlar. Bu bireyler genellikle çocukluklarında çok şımartılmış olan kimselerdir. Şımartılmış Çocuk Modunun, güçlü duygularla birlikte hareket ediyor olması gerekli değildir. Bu bireyler özellikle, kendilerinin talepleri diğer insanlar tarafından tolere edilmediğinde ve kendilerine diğer insanlar tarafından sınırlar çizildiğinde kendilerini hakarete uğramış sayarlar.

## Vaka Örneği

Manuel P. oldukça anlayışlı birisi olan ve hem Manuel'in mutluluğundan hem de kendi ilgi alanlarına eğilmekten mutluluk duyan kız arkadaşı Marina ile güzel bir ilişki sürdürmektedir. Bunların karşılığında Marina doğal olarak evle ilgili işleri Manuel ile birlikte yapıyor olmayı ve herkesin işlerin bir kısmıyla ilgileniyor olmasını beklemektedir. Ancak bunun yerine tekrar tekrar gerçekleşen, Manuel'in aslında kendi üzerine düşen, örneğin çamaşır makinesinin çoktandır bekleyen tamiratıyla ilgilenmek gibi sorumluluklarla ilgilenmiyor oluşudur. Marina bunu ona hatırlattığında, Manuel reddedici davranmaya, içine kapanmaya başlamakta; bilgisayar oyunları oynayıp saatler boyunca Marina'yla tek kelime konuşmamaktadır. Daha sonra Manuel neredeyse hiç yaklaşılamayacak biri haline gelmekte ve oldukça karşı gelici davranmaya başlamakta; Marina ise onunla ne bu karşı gelme davranışı üzerine, ne de çamaşır makinesi ile ilgili konuşabilmektedir.

Marina bu durumu Manuel'in annesiyle tanıştığında çok daha iyi kavramıştır. Annesi, Manuel'i çocukluğundan itibaren şımartmış, onun tüm dileklerini adeta gözlerinden okuyup yerine getirmiş ve ondan hiçbir şekilde sorumluluk veya anlayış talep etmemiştir. Annesi öte yandan, Manuel ile ilgili özel konulara kendisine herhangi bir şey sorulmadığı halde karışabilmiştir. Manuel'in bu karşı gelme ve şımartılmışlık özellikleri böylece daha iyi anlaşılmaktadır.

**Disiplinsizlik.** Burada özel olarak var olan sorun, kişinin sıkıcı ve rahatsız edici şeylere tahammül edemiyor oluşudur. Günlük ve normal sorumlulukları yerine getirmek kişi için fazlasıyla zordur. Bu koşullar altında önemli şeyler de halledilemeden kalmakta ve kişi, kendi hayatındaki belirli hedefleri gerçekleştiremeyebilmektedir. Yetersiz disipline sahip tüm insanların, "emirleri altında" birileri varmış gibi şımartılmış oldukları doğru değildir – ancak bu, bazı insanlar için geçerli olabilmektedir. Sıkıcı işleri tamamlamak doğal olarak hemen hepimize arada sırada zor gelmektedir... Ancak güçlü bir Disiplinsiz Çocuk

Moduna sahip olan bireylerde bu, kronik ve şiddetli şekilde belirleyici bir sorundur. Bu bireyler, sıkıcı görevlerle birlikte ortaya çıkan yorgunluk ve düş kırıklıklarına dayanmayı hiç öğrenmemişlerdir. Bu bağlamda bu konudan bazen "oyalanma" [bilimsel bir kavram olan erteleme hastalığı (:*procrastination*)] olarak bahsedilebilmektedir.

**Vaka Örneği**

Manuel P. ("şımartılmışlık" konusunun vaka örneği), mesleki süreci için önemli olabilecek aktiviteler gibi sıkıcı meşguliyetlere tahammül etmekte zorluk çekmektedir. Bu görevler arasında, başta Manuel'in üniversitedeki çalışmaları gelmekte ve daha da önemlisi, tez yazımı yer almaktadır. Manuel, örneğin bir öğleden sonra tezi üzerinde çalışmaya kendinden emin bir şekilde karar verdiğinde bile kendisini bilgisayar başında internette dolaşırken ya da televizyon karşısında bulabilmektedir... Kız arkadaşı Marina, Manuel'in lise eğitiminin çok kolay geçmiş olmasının belki de onun için hiç iyi olmamış olduğunu ona birçok kez söylemiştir. Bu kolaylık nedeniyle Manuel lisede, işleri disiplinli bir şekilde sürdürmeyi ve sorumluluk üstlenmeyi öğrenememiştir.

### *Kendimde Kızgın veya Dürtüsel Çocuk Modlarının olduğunu nasıl anlarım?*

Öncelikle şunu söylemek önemlidir: Her öfkenin ve her dürtüsel davranışın şiddetli bir mod olarak görülmemesi gerekmektedir. Öfke normal bir duygudur ve her insan zaman zaman öfkelenir. Hatta sorun olan, kişinin hiçbir zaman öfke duymamasıdır! Haklı olarak, öfkelenmeye birçok şey neden olabilmektedir ve insanların büyük bir çoğunluğu, uzun süredir ertelediklerі gerekli şeylerin, hoş olmaktan çok can sıkıcı ve rahatsız edici şeyler olduğunun farkındadır. Bunun yanında birçok insan örneğin yorgunluk veya açlık durumunda gerginleşebilmektedir – ancak tek başlarına bunlar da Kızgın Çocuk Modunun varlığına işaret etmeye yeterli değildirler.

Kızgın-Dürtüsel Çocuk Modu spektrumundan bahsedebilmemiz

için öncelikle böyle tepki tiplerinin sıklıkla ortaya çıkıp çıkmadığına ve bunların tekrarlayan sorunlara neden olup olmadığına bakmamız gerekmektedir. Örneğin Kızgın Çocuk Modu, kişinin mesleki ve ilişki durumunu tehdit ediyor olabilir çünkü kişinin görünür biçimde aşırı tepkilerini çevresi tolere edememektedir. Aşağıdaki cümleleri kendinize sorarak, bu modun üzerinizdeki geçerliliğini saptayabilirsiniz. Ancak bu soruların "gerçeğin tamamını" kapsayamayacağını lütfen dikkate alın – kendi değerlendirmeleriniz de önemli olacaktır!

- Öfkelendiğimde, sakinliğimi yitiriyorum ve kendimi kontrol edemiyorum.
- Başkalarının duyguları ve ihtiyaçları ne olursa olsun kendi istediğimi yapıyorum.
- Kuralları çiğneyebiliyorum ve sonra da pişmanlık duyabiliyorum.
- Diğer insanların uyduğu kurallara, onlar gibi uymak zorunda olmadığım duygusuna sahibim.

Bölüm 2.1'de İncinmiş Çocuk Modları başlığı altında, kişinin kendisini o modlarda sürekli mutsuz, zayıf, yalnız veya değersiz hissettiğinden bahsedilmişti. Bu, İncinmiş Çocuk Modları deneyiminin genellikle olumsuz olduğunu ve oldukça tatsız olabileceğini ifade etmektedir. Öte yandan Kızgın ve Dürtüsel Çocuk Modlarında birey kendisini güçlü ve etkili de hissedebilmekte ya da "çılgınca eğlenebilmekte" ve başkalarına sınır koyma gibi duygulara da sahip olabilmektedir. Fakat birey, daha sonra dönüp baktığında bunlarla ilgili utanç duyabilmekte ya da bir öfke patlamasından önce veya sonra kendisini mutsuz ve terk edilmiş hissedebilmektedir.

Özellikle Şımartılmış veya Dürtüsel Çocuk Modlarında duygular genellikle çok yoğun değildirler. Bu modda kişi, tıpkı çocuklar gibi, istediği veya keyif aldığı şeyleri yaptığından (ya da istemediği şeyleri yapmadığından) kendisini genellikle oldukça iyi hisseder. Ancak bu çocuk modlarındaki kişi çoğunlukla zamanla birlikte çeşitli sorunlarla karşılaşır – örneğin, bankalara yapılan borçlar, eşle yaşanan huzursuzluklar, okulda alınan kötü notlar... ("Problem Davranış" ile ilgili aşağıda yer alan başlığa ve Terimler Sözlüğündeki maddeye bakınız).

Diğer insanlar için kişinin Kızgın veya Dürtüsel Çocuk Modu muhtemelen, kişinin kendisine bakıp algıladığından çok daha sorunludur. Örneğin diğer insanlar size, davranışlarınızı doğru bulmadıklarını, çok şımartılmış olduğunuzu, muhalif tavırlarınızla onlara rahatsızlık verdiğinizi veya fazlasıyla dırdır ettiğinizi söylüyorlarsa, bu, size bu duruma dair bir ipucu verebilir. Ve bunları çoktandır farklı farklı kişilerden benzer biçimlerde duyuyorsanız, özellikle dikkatli olmanız gerekmektedir – çünkü eğer böyleyse, bir şeylerin varlığı sözkonusudur!

**Problem Davranış**

Psikolojide, kısa vadede memnuniyet yaratan ancak uzun vadede problemlere neden olan bazı belirli davranış kalıplarından problem davranış olarak bahsedilmektedir. Bunun tersi olarak da "daha sağlıklı" davranışlar, kısa vadede can sıkıcı veya yorucu olabiliyorken uzun vadede yararlı olabilmektedir.

Problem Davranış tiplerinin örnekleri:

- **Sigara içmek:** Kısa vadede keyif verici olabiliyorken uzun vadede ölümcül olabilen bir davranıştır. Bu davranışın alternatifi olan "sigarayı bırakmak": Kısa vadede aşırı ölçüde zor ancak uzun vadede insan sağlığını kurtarabilecek bir davranıştır.
- **Çok fazla yemek yemek:** Kısa vadede zevk verebiliyorken uzun vadede kilo problemleri ve kiloya bağlı sağlık sorunları ortaya çıkarabilmektedir. Bu davranışın alternatifi olan "bilinçli yemek yemek ve spor yapmak": Kısa vadede sürdürülmesi genellikle oldukça zor ancak uzun vadede yarar sağlayan davranışlardır.

Lütfen, şu problem davranış biçimleri üzerine düşünmeyi deneyin: "Vergi beyanını geciktirmek", "diş hekimine gitmemek..." Dürtüsel, şımartılmış, disiplinsiz çocuk modları genellikle tipik problem davranış şekilleridir. Bu, bunların belirli durumlarda kısa vadede oldukça iyi hissettirdikleri anlamına gelmektedir. Ancak sorunlar, uzun vadede kendilerini göstermektedirler.

bütün → Geciktirdiğin işler, davranışlar, ...



Bu çocuk modu tiplerinin de ne ile tetiklendiğini, nasıl hissettirdiğini ve çocukluktaki köklerinin nerelerde bulunduğunu anlamak önemlidir. Bunları anlamak için aşağıdaki sorular uygun olacaktır:

- Kızgın ve Dürtüsel Çocuk Modunuzun tipik tetikleyicileri nelerdir? Bu modunuz hangi durumlarda ortaya çıkmaktadır?
- Bu moddayken özellikle hangi duygularınız ön planda yer almaktadır? Bunlar, engellenmişlik, öfke, hiddet ya da karşı gelme gibi duygular mı? Kendinizi bu moddayken güçlü mü yoksa daha çok zayıf mı hissediyorsunuz?
- Kızgın Çocuk Modunuzun ardından genellikle Mutsuz bir Çocuk Modu ortaya çıkıyor mu ya da bu iki mod birbirlerine eşlik mi ediyorlar?
- Bu moddayken aklınızdan tipik olarak hangi düşünceler geçiyor? İnsanlar sıklıkla kendilerine adil davranılmadığını tecrübe ederler – bu haksızlıklar nelerdir?
- Bunlar üzerine düşündüğünüzde hangi hatıralar ve içsel imgeler açığa çıkmakta ya da düşüncelerinize eşlik etmektedir?
- Bu modunuzda genellikle nasıl davranıyorsunuz? Diğer insanlara nasıl tepkiler veriyorsunuz ve diğer insanlar size nasıl tepkiler veriyor? Bunun size hatırlattıkları nedir? Örneğin çocukluğunuzdan kişiler veya durumlarla ilgili.

"Benim Kızgın/Dürtüsel Çocuk Modum" adlı (Bkz. s. 187-189) Çalışma Kağıdı, bu modun sizin için daha açık bir duruma gelmesine yardımcı olabilir. Belki de böylece bu modun geçmişteki kökleri sizin için daha görünür olacaktır.

### *Başkalarında Kızgın veya Dürtüsel Çocuk Modlarının olduğunu nasıl anlarım?*

Hiddetli veya Kızgın Çocuk Modlarını her şeyden önce –anlaşılabileceği gibi– hiddet ve öfkeden tanırsınız. Burada önemli olan, diğer kişinin hiddetinin veya öfkesinin size abartılı görünüp görünmediğidir. Diğer kişinin bıkkınlık içinde veya öfkeli olduğunu muhtemelen anlamaktasınızdır ancak öfkenin boyutu ve ifade ediliş biçimi sizin için makul olabilecek olan ölçüyü aşmaktadır. Bu, diğer kişinin görece basit bir sorundan ötürü aşırı ölçüde gerginleşebilmesi şeklinde görülebileceği gibi diğer kişinin belirli bir durumdan tekrar tekrar öfke ve hiddetle bahsedebilmesi ve bu durumla ilgili neredeyse hiç sakinleşememesi şeklinde de görülebilir. Siz ise buna karşı şöyle düşünebilirsiniz: "Artık bunun üstesinden gerçekten gelebilmeli; bu durum karşısında hâlâ gerginleşiyor olması hiçbir şeye yaramıyor." Ve eğer bunları dışarı vurursanız, kişi sizi suçlamaya ya da ağlamaya başlayabilir.

Dürtüsel, şımartılmış, karşı gelen veya Disiplinsiz Çocuk Modlarını da doğru bir şekilde bu davranış tiplerinden tanıyabilirsiniz. Belki de karşınızdaki kişi belirgin şekilde "kendisine hizmet ettirdiği" için öfkeleniyorsunuzdur. Ya da bir sorun basitçe tarafsız bir şekilde tartışılabilecekken, eşinizin oldukça muhalif ve inatçı tepkiler veriyor olmasını anlaşılmaz buluyor olabilirsiniz. Aklınızdan, "bu gerçekten çocukça" veya "bu gerçekten hiç de olgunca değil" gibi düşünceler geçtiğinde büyük olasılıkla karşınızdaki kişinin çocuk modları devrededirler. İncinmiş Çocuk Modunda bulunan bireye insanların çoğu öncelikle daha çok merhamet duyar. Ancak Kızgın ve Dürtüsel Çocuk Modunda bulunan birisi karşısında kendinizi çok çabuk gergin ya da engellenmiş hissedebilirsiniz çünkü siz makul bir biçimde davranmayı denerken karşınızdaki kişi öfkeli veya uyumsuz davranışlarını sürdürmektedir.

Aşağıdaki soruları kendinize sormanız, bu kişinin modunu daha iyi anlamanız yolunda anlamlı olabilir. Tabii ki bu soruları o kişiyle doğrudan tartışabilmek de anlamlı olacaktır; özellikle de bu kişi eşiniz veya iyi bir arkadaşınız gibi size yakın olan birisiyse. Ancak bunları onunla, Sağlıklı Yetişkin Modunda olduğunda konuşmanız daha iyi olacaktır *(Bkz. Bölüm 5)*.

- Bu modun bu kişide nasıl tetiklendiğini hafızanızda canlandırabilir misiniz?
- Bu kişinin "aslında neye ihtiyacı olduğu" konusunda ne düşünüyorsunuz? Öfkenin dışavurumu çoğunlukla, kişinin kendisini dışlanmış hissetmesiyle ve "aslında" iletişime ve ilgiye ihtiyaç duyuyor olmasıyla ilişkilidir.
- Kişinin bu moduna karşı siz nasıl tepkiler veriyorsunuz? Böyle anlarda, tepkileriniz ve duygularınız neler oluyor?
- Kızgın Çocuk Modunda bulunan bu kişinin "gerçek" ihtiyaçlarıyla çevresine gösterdiği tepkiler birbirleriyle ne ölçüde uyuşmakta? Bu kişi, ihtiyaçlarının gerçekten karşılanması konusunda başarılı oluyor mu?
- Özellikle Şımartılmış veya Disiplinsiz Çocuk Modlarıyla ilgili olarak: Bu modun bu kişiye nereden gelmiş olabileceği konusundaki inancınız nedir? Kişinin ebeveyni veya kişi için önemli olan diğer insanlar da aynı zamanda şımartılmış ve dürtüsel olabilirler mi veya kişinin kendisinden çocukluk ya da gençlik dönemlerinde yeterli ölçüde sorumluluk talep edilmemiş olabilir mi?
- Özellikle Öfkeli veya Hiddetli Çocuk Moduyla ilgili olarak: Bu modun nereden gelmiş olabileceği konusunda ne düşünüyorsunuz? Aynı zamanda kişinin ebeveyni gibi en yakın olup güvendiği insanlar da öfkeli ya da agresif olabilirler mi? Ya da kişi sık sık kötü muamelelere veya ağır haksızlıklara maruz kalmış olabilir mi?

Kızgın veya Dürtüsel Çocuk Modunda bulunan bir bireyin karşısındaki kişi hem kendisini bu duruma karşı öfkeli veya engellenmiş hissedebilir, hem de bu duyguları olasılıkla karşıya yansıtabilir. Ancak bunun tersi olarak şu da gerçekleşebilir: Bu durumun karşısındaki birey kendisini zayıf ve çaresiz ve bu moddaki kişinin öfkesinin veya şımartılmışlığının insafına kalmış gibi hissedebilir.

## 2.3 Mutlu Çocuk Modu

Eğer güçlü bir Mutlu Çocuk Moduna sahipseniz kendinizi gerçekten şanslı insanlardan biri sayabilirsiniz! Mutlu Çocuk Modu; eğlence, neşe, kendiliğindenlik, canlılık ve huzurlulukla el ele hareket eder. Mutlu Çocuk Modunda, örneğin oyunlar ve oyuna benzer sportif aktiviteler gibi eğlenceli ve hoşa giden şeylerle meşgul olur; lunaparkların, sirklerin, sinemanın tadını çıkarır, karnaval gecesi için kıyafet seçerken ya da arkadaşlarımızla iskambil oynarken gırgır yaparız. Mutlu Çocuk Modundayken bir yandan da kendimizi diğer insanlara yakın hissederiz; onlarla olan bağlarımızı duyumsarız ve yalnız olmadığımız duygusuna sahip oluruz.

Güçlü bir Mutlu Çocuk Modu psikolojik problemlere karşı iyi bir koruma da sağlayabilmektedir. Çünkü daha önce resmedilmiş olan İncinmiş ve Kızgın Çocuk Modları çoğunlukla doğrudan Mutlu Çocuk Moduna aykırı davranırlar. Bu, güçlü bir İncinmiş Çocuk Modu'na sahip olan bir bireyin genellikle yalnızca zayıf bir Mutlu Çocuk Moduna sahip olduğu ya da bu ifadenin tersinin de geçerli olabileceği anlamına gelmektedir.

Öyleyse, olasılıklı bu kitabı okumakta olan bireylerin birçoğu için kendi Mutlu Çocuk Modlarını güçlendirmek ve geliştirmek önemli bir hedef olacaktır. Böylece zamanla birlikte bu mod, Kızgın veya İncinmiş Çocuk Modlarının yerini alabilir. Burada geçerli olan tabii ki sağlıklı bir dengenin hedefleniyor oluşudur. Amaç, daima Mutlu Çocuk Modunda bulunabilmek değildir! Aslında çok önemli psikolojik sorunları olmayan bireyler çoğu zaman Sağlıklı Yetişkin Modunda bulunmaktadırlar *(Bkz. Bölüm 5)*. Önemli olan, kendinizi tükenmiş, yük altında ya da bir şekilde "eğlence ve dinlenme ihtiyacı" içinde hissettiğinizde, sizi Mutlu Çocuk Moduna taşıyabilecek aktivitelere başvurabilmenizdir. Böylelikle stres telafi edilebilmekte ya da örneğin iş hayatında veya ilişkilerde ortaya çıkabilen yorucu, bıktırıcı durumlar dengelenebilmektedir.

## Vaka Örnekleri

**Örnek 1**

Anne R. kimyager olarak araştırmalarda görev almakta ve bir yandan eşiyle birlikte çocuklarıyla ilgilenmektedir. Oldukça sıkı bir programı olan Anne, genellikle gece geç saatlere kadar çalışmaktadır. Ancak neyse ki Anne'in, kendisini kolaylıkla Mutlu Çocuk Moduna taşıyabilen bazı aktiviteleri de vardır. Bu aktivitelerden biri, arkadaşlarıyla birlikte çoğunlukla neşe içinde vakit geçirdiği iskambil oyunlarıdır. Anne, haftasonları çocuklarıyla birlikte, hem heyecan treninin, hem de renkli gösterilerin tadını çıkarabilmek için eğlence parkına gitmekten de oldukça keyif almaktadır. Böyle durumlarda, her gün taşımakta olduğu yükleri ve sorumlulukları neredeyse hiç hissetmemektedir.

Mutlu Çocuk Modu olmasaydı, Anne muhtemelen, örneğin tükenmişlik sendromu gibi psikolojik sorunların gelişimine karşı savunmasız kalırdı. Ya da Anne güçlü bir Cezalandırıcı Ebeveyn Moduna *(Bkz. Bölüm 3.3)* sahip olmuş olsaydı, kendisinin böyle eğlenceli faaliyetlerde bulunmasına izin vermiyor olabilirdi. Böylece hem dengeden tamamen yoksun olur hem de kendisini, gitgide aşağı çeken psikolojik bir spiralin tehdidi altında bulabilirdi.

**Örnek 2**

Markus G. ilk olarak eğitim bilimleri üzerine öğrenim görmüş daha sonra ise sosyal pedagoji eğitimi almıştır. Bununla birlikte Markus gençliğinden bu yana hobi olarak çeşitli sirk projelerinde görev almış ve arkadaşlarıyla birlikte birçok akrobasi numarası ve kabare oyunları üzerinde çalışmıştır. Markus, Mutlu Çocuk Modunu kendi mesleği haline getirmiş ve yazları arkadaşlarından oluşan bir grupla birlikte festival ve ➤

kabarelerde illüzyonistlik ve sahne sanatçılığı yapmıştır. Yapmaktan en çok hoşlandığı şey ise spontan sokak gösterileridir. Neyse ki Markus'un eşi öğretmen olarak görev yapmaktadır ve bu sayede Markus işinin getirdiği finansal belirsizliğin tehdidinden uzaklaşmaktadır. Ancak Markus, bu mesleği sürdüremeyecek yaşa geldiğinde kendisinin başka bir iş aramak zorunda kalacağını da bilmektedir.

**Örnek 3**

Rosemarie L. 60 yaşında, yalnız yaşayan ve çocuğu olmayan, engellilerle çalışan bir pedagogdur. Çocukları çok sevdiğinden hem yeğenleriyle hem de arkadaşlarının çocuklarıyla çoğunlukla sıkı ilişkiler içindedir. Tatilleri Rosemarie ile geçirmek çocuklar için de en eğlenceli bir şeydir çünkü Rosemarie sürekli onlarla birlikte oyuncak mağazalarına gitmekte ve hoş aktiviteler yapmaktadır. Rosemarie bunlardan büyük keyif almaktadır; oyuncak mağazası ziyaretlerinin ardından ufaklıklarıyla birlikte yeni alınan oyuncakları kurmaktan sevinç duymakta ve çocukların hayvanat bahçesi gezilerinde yaptıkları keşiflerden mutlu olup, onlarla çıkacağı yürüyüşleri iple çekmektedir.

### *Kendimde Mutlu Çocuk Modunun olduğunu nasıl anlarım?*

Kendi Mutlu Çocuk Modunuzu tanımanız muhtemelen oldukça kolay olacaktır. Bu modda olduğunuzda kendinizi mutlu, rahat, canlı hissedersiniz; sıklıkla güler ve her şeyin tümüyle yolunda olduğu duygusuna sahip olursunuz. Diğer insanları, hırs ve kıskançlıkların tamamen uzak olduğu durumlara sürükleyebilirsiniz. Dünya ve yaşam, capcanlı ve dostane renkler içinde parlamaktadır. Aşağıdaki ifadeler bu moda aittir:

- Sevildiğimi ve onaylandığımı hissediyorum
- Keyifli ve huzurluyum
- İnsanların çoğuna güveniyorum
- An'a göre hareket ediyorum ve canlıyım

Birçok insan, Mutlu Çocuk Modunda nadiren bulunduğunu düşündüğünden, aşağıdaki soruları kendinize yöneltmeniz önemli olacaktır:

- Sizi hangi aktiviteler, durumlar veya kişiler Mutlu Çocuk Moduna taşımaktadır?
- En son ne zaman Mutlu Çocuk Modunda bulunmuştunuz? Lütfen son haftalar üzerine düşünün ve özellikle ne zaman mutlu, neşeli ve huzurlu hissetmiş olduğunuzu düşünün.
- Mutlu Çocuk Modunuza ait olan şeyler nelerdir? Bu mod için özellikle önemli olan şeyler nelerdir? Bunlar belirli kişiler, belirli aktiviteler veya yoksa (Örneğin haftasonları, havanın güzel oluşu) gibi durumsal koşullar olabilirler mi?
- Mutlu Çocuk Modunuza geçmenizi kolaylaştıran bazı şeyler var mı? Örneğin bazı insanlar dayanıklılık antrenmanı ile birlikte kendilerini daha huzurlu hissetmektedir ve tamamen rahatlamak veya kendilerini oyuna benzer aktivitelere vermek onlar için daha kolay olmaktadır.

Mutlu Çocuk Modunuzu daha iyi tanıyabilmek için ekler bölümünde yer alan "Benim Mutlu Çocuk Modum" adlı Çalışma Kağıdından yararlanabilirsiniz. Hayatın nadiren mükemmel olduğunu lütfen dikkate alın! Güçlü bir Mutlu Çocuk Modunda hiçbir zaman bulunmuş olmadığınıza inanıyor olsanız bile sizi bu modun yakınlarına taşıyabilen bazı belirli şeyler mutlaka vardır. Burada gerçekten önemli olan öncelikle hayatınızda var olan seçenekleri keşfetmek ve bunları daha sonra adım adım genişletmek ve güçlendirmektir. Mutlu Çocuk Modunuzla ilgili ortaya çıkardıklarınızı yine Mod Tablosu'na ekleyebilirsiniz (Bkz. s.196).

### *Başkalarında Mutlu Çocuk Modlarının olduğunu nasıl anlarım?*

Çoğunlukla bu da oldukça kolay olmaktadır. Karşınızdaki kişinin neşeli ve heyecan dolu olduğunu görüyorsanız ve bu kişinin varlığıyla birlikte sizde de sık sık gülme hissi uyanıyorsa bu kişi muhtemelen güçlü bir Mutlu Çocuk Modunda bulunmaktadır. İncinmiş veya Kızgın Çocuk Modları için çoğunlukla geçerli olan kural, bu modların diğer insanları zaman geçtikçe zorladığı, yıldırdığı ve böylece de bir kısır döngünün ortaya çıkmasına neden olduğudur. Mutlu Çocuk Modu için ise geçerli olan bunun tam tersidir. Mutlu Çocuk Modunda olan kişi çevresine de sevinç ve rahatlama yayar. Diğer insanlar bunu hisseder ve bu kişinin yakınlığından hoşnut olurlar. Bu da süregelen bir kısır döngünün zıddı olarak "paylaşılan mutluluğun iki katına çıktığını" ifade etmektedir. Sıklıkla gülen ve yine sıklıkla Mutlu Çocuk Modunda bulunan bir kişi diğer insanları da beraberinde sürükleyerek hoşlanılan birisi olmakta ve diğer insanlarla birlikteyken kendisini emin ellerde hissetmektedir. Doğal olarak bu, uzun vadede kişinin psikolojik bakımdan daha istikrarlı hissedebilmesini ve Mutlu Çocuk Modunu mümkün oldukça deneyimlemesini sağlayacaktır.

### Vaka Örneği

Kerstin U. Mutlu Çocuk Modunun kendi hayatındaki gelişiminde imrenilecek ölçüde başarılı olan bir kadındır. Yönetici koçu ve grup terapisti olarak çalışmaktadır ve işinde de çok başarılıdır. Bununla birlikte Kerstin, kızıyla birlikte gerçekleştirdiği spor yapmak, oyun oynamak, çocuk tiyatrolarına gitmek gibi aktivitelere de çokça zaman ayırabilmektedir. Kerstin, çevresinde bulunan insanları ele geçiren bulaşıcı bir neşe yaymaktadır. Onda bulunan en dikkat çeken özelliklerden biri şaşırtıcı ölçüde bulaşıcı kahkahalarıdır. Bir arkadaş grubuyla ya da iş arkadaşlarıyla dışarı çıktığında, atmosfer onun olmadığı zamanlarda olduğundan çok daha eğlenceli olmaktadır.

Bunun bir sonucu olarak diğer insanlar onunla birlikte olmaktan çok hoşlanmakta ve onu sık sık her türlü kutlamaya ve sosyal aktiviteye davet etmektedirler. İş arkadaşları da Kerstin'in yarattığı havadan çok hoşlandıklarından onunla birlikte çalışmaya çok değer vermekte, ona sıklıkla birlikte çalışabilecekleri projeler önermektedirler.

# 3 Uyum Bozucu Ebeveyn Modları

Bu bölümde, kişinin kendisini baskı altında ve reddedilmiş hissetmesine hatta kendisinden nefret edildiği duygusuna sahip olmasına neden olan belirli içsel yanlar tanımlanmaktadır. Bunlar, tıpkı size sürekli amaçlarınızı gerçekleştirebilecek kadar akıllı veya çekici olmadığınızı söyleyen iç sesler gibidirler. Bunların da kökleri çoğunlukla çocukluk ve gençlik dönemlerinde bulunmaktadır – kimse doğuştan itibaren kendisine karşı reddedici olmaz! Genellikle çocukluk döneminde kişiye, kendisinin yeterince sevimli, sevilmeye layık ve iyi olmadığı diğer insanlar tarafından çeşitli biçimlerde iletilmiştir. Erken dönemlerde diğer insanlarca iletilmiş mesajlarda bulunan kökleri belirgin hale getirmek için bu içsel yanlar "Uyum Bozucu Ebeveyn Modları" olarak adlandırılmaktadır. Burada "uyum bozucu "zararlı olan" ya da "yardımcı olmayan" gibi anlamlara da gelmektedir.

Bu ad kulağa kişinin, kendisini onaylayamadığı durumların suçlularının her zaman yalnızca kendi ebeveyni olduğunu ifade ediyormuş gibi geldiğinden bir parça yanıltıcı olabilmektedir. Birçok insan için ebeveynlerinin bu modda önemli bir rol oynamış oldukları gerçekten de doğrudur. Ancak, genellikle sorunlara yol açan ebeveynin davranışlarının tümü değil bu davranışların belirli bazı kısımlarıdır. Örneğin, ebeveyniniz sizi çok sevmiş ve bazı durumlarda da bunu gösterebilmiş fakat bir yandan da belirli konularla ilgili fazlasıyla mükemmeliyetçi davranmış olabilirler ki; bu mükemmeliyetçilik de içinize "Talepkâr Ebeveyn Modu" olarak yerleşmiş olabilir.

Bununla birlikte diğer insanlar da daha sonra kendilerini "Cezalandırıcı Ebeveyn Modu" olarak gösterecek derin içsel yaraların açılmasına sıklıkla neden olabilmektedirler. Örneğin, çocukların veya gençlerin okulda okul arkadaşlarının zorbalığına maruz kalıyor olmaları yaygın olarak gerçekleşmektedir ve bu kişiler bu yüzden yaşamları boyunca aşırı bir reddedilmişlik duygusunun acısını çekebilmektedir. Aile içinde şunlar da gerçekleşebilmektedir; anne-baba, büyükanne-büyükbaba, amca-dayı, teyze-hala gibi diğer kişiler çocukları eleştirerek, yok sayarak ve hatta kötüye kullanarak onlara "yetersiz" veya "kötü" oldukları duygusunu iletebilmektedirler. Kardeşler de reddedilmişlik ve kötü iletişimin bir kaynağı olabilmektedir.

Her ne kadar "Uyum Bozucu Ebeveyn Modu" kavramı ebeveynleri içeriyor olmak zorunda değilse de hem sorunları genellikle ebeveyn davranışlarının bir kısmının teşvik ediyor olmasından, hem de bu kavramın günümüzde Şema Terapi'de dünya genelinde yaygın olarak kullanılmasından ötürü, biz de çalışmamızda bu kavramı kullanmaya devam etme kararı aldık. Bu, İngilizce '*parent*' kavramının doğrudan 'ebeveyn' olarak tercüme ediliyor olmasıyla da ilgilidir. Aslında bu kavram, ebeveyn fonksiyonlarına sahip olmuş başka kişileri de işaret edebilmektedir. Bu kişiler arasında örneğin öğretmenler veya farklı rol modeller yer alabilmektedir.

Aşağıda, Uyum Bozucu Ebeveyn Modları ile ilgili birkaç örnek yer almaktadır. Bu hayal ürünü kişiler aracılığıyla Talepkâr ve Cezalandırıcı Ebeveyn Modlarının ayrımı gösterilmektedir. Bu adlandırmalara dayanarak belki de şimdiden bu iki modun birbirinden nasıl ayrıldığına ilişkin bir sezgi edinmişsinizdir.

Talepkar / Cezalandırıcı



## Vaka Örnekleri

**Örnek 1**

Miriam P. arkadaşıyla bir tartışma yaşadığında, arkadaşı bütün gün boyunca Miriam'la konuşmayarak ve onun yanına gitmemekte inat ederek onu cezalandırmaktadır. Miriam kendisini bunun üzerine berbat ve yalnız bırakılmış hissetmekte, sevilmiyor olduğu duygusuna kapılmaktadır (= *İncinmiş Çocuk Modu*). Aynı zamanda Miriam kendisini bencil bir insan olmakla suçlamakta ve tartışmadaki pozisyonunun doğru olduğunu düşünmesine rağmen, üzerinde arkadaşını hoşnut etmek zorunda olmanın baskısını hissetmektedir (= *Duygu Odaklı Talepkâr Ebeveyn Modu*). Arkadaşının bu davranışları Miriam'a güçlü bir şekilde, onu benzer biçimde duygusal uzaklaşma ile cezalandıran ve böylelikle de hoş-nut edilmediğinde ona şiddetli suçluluk duyguları aktaran annesini hatırlatmaktadır. Miriam'ın bu konuda bu kadar hassas olmasının nedeni muhtemelen budur.

**Örnek 2**

Andrea F. çocukluğunda bulunduğu rahibeler okulunda ağır ve sadistçe cezalara maruz kalmıştır. Örneğin, rahibelere karşı geldiğinde aldığı ceza yemek yemesine izin verilmemesi olmuştur. Yıllar geçmiş, Andrea genç bir kız olmuştur ancak diğer insanlara hiçbir şekilde, bu insanlar haksız olduklarında bile, karşı çıkmayı başaramamaktadır. Böyle olunca ortaya çıkanlar çok güçlü utanç ve kendinden nefret etme duygularıdır. Dahası Andrea, iyi yemeklerin tadını çıkaramamaktadır. Bir yere davet edildiğinde ve orada lezzetli bir şey yediğinde kendinden nefret etme ve utanç duygularının açığa çıktığını hissetmektedir. Burada egemen olan duygu ve düşünce, Andrea'nın böyle güzel bir yemeği hak etmemiş olduğudur. "Lezzetli bir yemeği yiyemeyecek kadar hatalısın" yasağı, çok şiddetli bir Cezalandırıcı Ebeveyn Modu'dur. Bu utanç duygusu, Andrea rahibeler tarafından açığa vurulup küçük düşürülmüş olduğu için İncinmiş Çocuk Moduna aittir.

➤

**Örnek 3**

Martin L. okulda, üniversitede ve iş hayatında her zaman başarılı birisi olmuştur. Martin'in başarıları, ebeveyni ve öğretmenleri tarafından takdir edilmiş ve bu başarıların kendisinden her zaman bekleniyor olması tamamen doğal bir hal almıştır. Martin bugün 38 yaşındadır ve aslında kız arkadaşıyla çok daha fazla zaman geçirebilmeyi arzulasa da kendisini çalışma masasının başından neredeyse hiç kaldıramamaktadır. Masasında iş bulunduğu sürece, kendisini öncelikle bu işleri tamamlama baskısı altında hissetmektedir. Bu duyguya rağmen çalışmayı bırakıp gittiğinde, tüm zaman boyunca bu işler üzerine düşünmekte ve kendisini eğlenceye, rahatlamaya hemen hiçbir şekilde bırakamamaktadır. Kafasından ardı ardına geçmekte olan, "Daha bununla birlikte şu işleri de bitirmelisin; paydos vaktinden önce 'xyz'yi de tamamlayabilirsin; önce iş sonra zaten eğlence için hâlâ yeteri kadar vaktin olacak..." seslerinin, özellikle başarıyla ilişkili olan Talepkâr Ebeveyn Modu olduğu anlaşılabilir.

Uyum Bozucu Ebeveyn Modları (her zaman olmasa da) özellikle İncinmiş Çocuk Modu ile (ve bazen de Kızgın Çocuk Modlarıyla) birlikte ortaya çıkmaktadır. Burada yaygın olan, bir arkadaşın eleştirisi veya bir iş arkadaşının reddedişi gibi herhangi bir durum karşısında ilk olarak bir Uyum Bozucu Ebeveyn Modunun "tetikleniyor" olması, yani açığa çıkmasıdır. Yukarıda bununla ilgili bir örnek bulunmaktadır: Arkadaşının reddedişi Miriam'da Duygu Odaklı Talepkâr Ebeveyn Modunu tetiklemektedir.

Patronunuzun, yapmış olduğunuz bir işi, yapılmış bir hatayı gösteren kısa bir notla birlikte size geri vermiş olması durumunu belki siz de bilirsiniz. Bu, tamamen normal bir süreçtir ve bunun aslında kendinizi çok kötü hissetmenize neden olmaması gerekir. Ancak eğer çok güçlü bir Başarı Odaklı Talepkâr Ebeveyn Moduna sahipseniz, bu durum bu modunuzu çabucak tetikleyebilir. Belki sonra kendinizi fazlasıyla eleştirilmiş hissedebilir ve hiçbir şeyi doğru yapamıyor olduğunuz duygusuna kapılabilirsiniz. Eleştiri aslında tarafsız ve yapıcı olsa bile, Uyum Bozucu Ebeveyn Modu çok güçlüyse, kovulmaktan da korkabilirsiniz. Bunun üzerine kendinizi aynı zamanda muhtemelen, çocukluğunuzda ve gençliğinizde yaşadıklarınıza bağlı olarak zayıf, çaresiz veya utanç içinde hissedebilirsiniz. Uyum Bozucu Ebeveyn Modu, İncinmiş Çocuk Moduyla birlikte açığa çıkmaktadır.

Bu genellikle birlikte ortaya çıkıyor olma durumuna rağmen bizim için çocuk ve yetişkin modlarını ayrı ayrı ele almak çok önemlidir. Çünkü daha sonra göreceğiniz gibi, bunların her birine gösterilen yaklaşım biçimleri birbirlerinden fazlasıyla farklı olmaktadır. İncinmiş Çocuk Modları için çokça önemli olan bu modu teselli etmek, korumak ve onunla daha iyi ilgilenebilmektir. Buna karşılık Uyum Bozucu Ebevyn Modları, özellikle de kişinin yaşam kalitesini şiddetli bir biçimde düşürüyorlarsa, zayıflatılmalı ve sınırlandırılmalıdır. Bunun için de birbirlerinden tamamen farklı yöntemler gerekmektedir. İşte bu yüzden Uyum Bozucu Ebeveyn Modu ve İncinmiş Çocuk Modunun, bu modlar sizde hemen her zaman "el ele" ortaya çıkıyor olsalar bile, temel bir ayrımını yapmak çok önemlidir.

**!** Birey kendini makul olmayan ve ağır bir baskı altına sokuyorsa, kendi ihtiyaçlarına izin vermiyorsa, kendi duygularını saçma buluyor veya kendini, bu ihtiyaç ve duyguları onaylamayan durumlar yüzünden değersizleştiriyorsa, aslında söz konusu olan Uyum Bozucu Ebeveyn Modlarıdır.

Uyum Bozucu Ebeveyn Modları ile birlikte gelen talep ve suçlamalar oldukça farklı içeriklere sahip olabilirler. Kendi Ebeveyn Modunuzun karakterini tam olarak tanımanız önemlidir. Daha önce de okumuş olduğunuz üzere Talepkâr ve Cezalandırıcı Ebeveyn Modları birbirlerinden ayrılmaktadır. Ancak elbette bireyde farklı Uyum Bozucu Ebeveyn Modlarının iç içe karışmış formları da bulunabilmektedir; özellikle de bireye çocukluğunda tamamen farklı kişiler (örneğin ebeveyn, öğretmenler, sınıf arkadaşları) tarafından değersizleştirici mesajlar iletilmişse.

**Başarısızlık Duyguları İçeren Talepkâr Ebeveyn Modu.** Talepkâr Ebeveyn Modu çoğunlukla, kişinin kendisinden aşırı ölçülerde talepte bulunuyor olmasıyla ilgilidir. Bu taleplerle kastedilen genellikle okul, üniversite veya iş hayatındaki başarılardır. Özellikle kadınlarda genellikle, kendi dış görünümleri ve kilolarıyla ilgili olan ayrı bir Talepkâr Ebeveyn Modu da bulunmaktadır. Bu aşırı talepler karşılanamadığında kişide, kendisinin bir kaybeden olduğu duygusu belirmektedir.

**Suçluluk Duyguları İçeren Talepkâr Ebeveyn Modu.** Aslında belki sizin başarıyla olan ilişkiniz sağlıklı ve dengelidir. Ancak öte yandan Talepkâr Ebeveyn Modunun, sizi yaşamın farklı alanlarında –örneğin ilişkilerde– baskı altına alıyor olmasına izin veriyor olabilirsiniz. İlişkilerde belki kendi sınırlarınızı belirlemeyi veya kendi isteklerinizi ifade etmeyi başaramıyor olabilirsiniz. Öyleyse, "Her zaman en iyisi sen olmalısın" mesajını değil de "İlişkilerde karşındaki kişiyi her zaman hoşnut etmelisin" mesajını vermekte olan bir Talepkâr Ebeveyn Modunun varlığından söz edilebilir. Bu Talepkâr Ebeveyn Modu tatmin edilemediğinde ortaya genellikle suçluluk duyguları çıkmaktadır.

**Cezalandırıcı Ebeveyn Modları.** Burada konu kişinin kendisinden beklediği veya talep ettiği şeylerle pek az ilgilidir. Cezalandırıcı Ebeveyn Modu tipik olarak, kişinin kendisini değersizleştirmekte olan kendi iç sesidir. Cezalandırıcı Ebeveyn Modundan kaynaklanan bu mesajlar çoğunlukla çok kesin ve genelleştirici olmaktadır. Örneğin bu modda, "Sen zaten hep şöyle ... biriydin", "Sen her zaman ... biri olacaksın", "Sen kesinlikle ... birisin" gibi mesajlar; aptal, zavallı veya çirkin gibi olumsuz ifadelerle tamamlanmaktadır.

**Farklı Uyum Bozucu Ebeveyn Modları'nın Tipik Mesajları**

Özellikle performans ve başarı odaklı Talepkâr Ebeveyn Modları:

- "Sen her zaman en iyi olmalısın."
- "Mükemmel değilse, değersizdir."
- "İnce değilsen asla erkek arkadaş bulamazsın."

Özellikle suçluluk duygularını açığa çıkaran Duygu Odaklı Talepkâr Ebeveyn Modu:

- "Diğer insanların her zaman yanında olmalısın."
- "Kendi ihtiyaçlarına öncelik tanıma; bunu yapmak bencilliktir."
- "Çocukların için mükemmel bir anne ol."

Cezalandırıcı Ebeveyn Modu:

- "Sen yalnızca bir utanç kaynağısın."
- "Birisi seni gerçekten tanıdığında, senden uzaklaşacaktır."
- "Doğmamış olsaydın her şey daha iyi olurdu."

Bazı insanlar çok güçlü bir biçimde "genelleşmiş" Uyum Bozucu Ebeveyn Modlarına sahiptirler. Bu, bu modların yaşamda var olan birçok ya da hemen her alanda ve durumda kendilerini gösterebildikleri anlamına gelmektedir. Buna karşılık başka bazı insanlarda bu modlar yalnızca çok özel durumlarda tetiklenebilmektedir (Bunun örnekleri aşağıda bulunmaktadır).

## Vaka Örnekleri

**Örnek 1: Neredeyse tüm durumlara etki eden Kapsayıcı, Zararlı Ebeveyn Modu**

Andrea F. kendi fikirlerini dile getirdiğinde rahibeler tarafından yalnızca yemek yasağı ve küçük düşürülme ile cezalandırılmamıştır. Bunlara ek olarak, çalışırken küçük hatalar yaptığında ceza olarak ağır işler yapmaya da zorlanmıştır. Dahası (cinsellik, birisine sarılmak-sokulmak, kendini süslemek, uzun süre sıcak duş almak gibi) her türlü bedensel zevk rahibelerce reddedilmiş, şeytanlaştırılmış ve hatta kimi durumlarda cezalandırılmıştır.

Andrea bugün neredeyse hiçbir durumda kendisini değerli görmeyi ve bir şeylerin tadını çıkarmayı başaramamaktadır. Yemek yemenin yanısıra duş almak, cinsellik, masaj, sıcak güneşin altında uzanmak gibi bedensel zevkler de "yasaklar" arasındadır. Basit bir hata yaptığında kendisini kötü ve bir zavallıymış gibi hissetmekte ve cezayı hak etmiş olduğu duygusuna kapılmaktadır. Geçmişi nedeniyle kronik depresyon içinde ve istikrarsız bir durumda olan Andrea için, içinde bu yetişkin modlarının üstesinden gelmeyi ve kendisine daha sevgi dolu ve hoşgörülü davranmayı öğreneceği uzun süreli bir terapi önemli olmaktadır.

**Örnek 2: Az sayıda durumla sınırlanmış olan Duygu Odaklı Talepkâr Ebeveyn Modu**

Marita K. sosyal hizmetler uzmanı olarak çalışmaktadır - ne var ki bu meslekle meşgul olan insanların çoğu ➛Tükenmişlik Sendromu yaşayabilmektedir. Marita kendi sınırlarını neredeyse her durumda oldukça iyi koruyor olsa da erkek çocuklarla meşgul olduğunda bu durumların bir istisnası ortaya çıkmaktadır. Bu çocuklarla ilgilenirken diğer danışanlarında hissettiğinin aksine bu çocuklardan sorumlu olduğunu ve aslında onlar tarafından yerine getirilmesi gereken görevleri, kendisinin üstlenmek zorunda olduğunu hissetmektedir.

Tükenmişlik sendromunu önleme üzerine aldığı eğitim sırasında Marita bu konu üzerine düşünürken şaşkınlık içinde bunun muhtemelen kendi çocukluğundan kaynaklanan bir davranış örüntüsü olabileceğini fark etmiştir. Marita'nın kendisinden küçük olan erkek kardeşi bedensel engellidir ve bir abla olan Marita çok erken dönemlerden itibaren kardeşiyle ilgilenmekten sorumlu olmuştur. Marita, bugün küçük erkek danışanlarının kendisinde tetiklediği duyguları tam olarak dikkate aldığında bu duyguların tamamen, abla olarak erkek kardeşine karşı eskiden duymuş olduğu sorumluluklara benzediğini görmüştür.

İzleyen başlıklar altında Uyum Bozucu Ebeveyn Modlarının üç ayrı tipi daha ayrıntılı bir biçimde açıklanmaktadır.

## 3.1 Başarı Odaklı Talepkâr Ebeveyn Modu

Başarıya odaklanmış olan Talepkâr Ebeveyn Modu, kişiyi mükemmel olmaya, tüm hedeflere ulaşmaya veya herkes içinde en iyi olmadan dinlenmemeye zorlar. Örneğin güçlü bir Talepkâr Ebeveyn Modu'na sahip olan bir üniversite öğrencisi sınavdan en yüksek puanı alamadığında kendisinin bir kaybeden olduğu duygusuna kapılabilir ve hatta öğrenim branşını değiştirmeyi bile düşünebilir. Çalışma hayatında ise Başarı Odaklı Talepkâr Ebeveyn Modu, bireyin tükenmişlik sendromuna kapılmasına neden olabilmektedir çünkü birey işine ara verememekte ve mükemmeliyetçilikle belirlenmiş fazlasıyla yüksek hedefler peşinde koşmaktadır. Başarı Odaklı Talepkâr Ebeveyn Moduna sahip olan kişiler kendilerine zaman ayıramaz; başarıyı, çalışmayı ve disiplini eğlencenin, neşenin ve sevincin çok çok üstünde tutarlar.

Talepkâr Ebeveyn Modlarının ortaya çıktığı bir başka tipik alan kişinin görünüşü, özellikle de vücut şekli ve kilosudur. Bu alanda güçlü bir Talepkâr Ebeveyn Moduna sahip olan bir kişi kendisinden yemek yeme ve spor yapma konularında daimi bir disiplin talep eder. Örneğin akşam bir tatlı yemek, ertesi gün yapılan ağır bir antrenmanla "cezalandırılır". Talepkâr Ebeveyn Modunda en önemli sorunlara çoğunlukla başarısızlık (kaybetmiş olma) duygusu neden olmaktadır.

**Vaka Örneği**

Lisa U. 32 yaşında, çalışan ve iki çocuk annesi bir kadındır. Gençliği ve üniversite yılları boyunca sporla sıklıkla uğraşmış ve hep zayıf birisi olmuştur. Çocuklarının doğumundan bu yana, günlük hayatta spora çok az zaman bulduğu için geri veremediği birkaç kilo almıştır. Bununla birlikte Lisa'yı tanıyanlar onun hâlâ zayıf ve atletik göründüğünü düşünmektedirler. Ancak Lisa kendi vücudundan ve kilosundan hiç de memnun olmadığından kendisine sürekli diyet ve antrenman programları uygulamakta fakat bunları zaman yetersizliği ve stresten ötürü sürdürememektedir. Lisa her sabah ve her akşam tartıya çıkmaktadır. Eğer tartı iyi bir akşam yemeğinden sonra yarım kiloluk bir fazlalık gösteriyorsa Lisa öfkelenmekte, umutsuzluğa kapılmakta, kendisiyle didişmekte ve bir sonraki gün akşam yemeği yemek yerine uzun bir koşu yapmaktadır.

Güçlü bir Başarı Odaklı Talepkâr Ebeveyn Moduna sahip olan bireylerin biyografilerinde sıklıkla, ebeveynlerinin ve diğer önemli bağlanma figürlerinin onlardan yüksek başarılar talep etmiş oldukları görülür. Örneğin şunlar tipik hatıralardır: "Okuldayken sınavlardan almam gereken not 'A' idi. 'B' aldığımda durum hâlâ normal sayılırdı. Daha düşük notlara ise burun kıvrılırdı." Özellikle de kişinin önemli başa-rılarının övgü görmemesi onu, içinde sürekli daha büyük başarıların peşinden koştuğu bir hamster çemberine düşürebilmektedir. Kişi, "Günün birinde mutlaka yeterince iyi olacak!" diyerek davransa da hiçbir zaman yeterince iyi olamayabileceğini çocuksu perspektifinden ötürü göremeyebilmektedir.

Yetişkin olarak güçlü bir Talepkâr Ebeveyn Moduna sahip olan insanların genellikle çocukluk veya gençlik dönemlerinde rekabete dayalı sporlarla uğraşmış veya bir müzik aletini iyi derecede çalmış oldukları görülmektedir. Terapide bir hastanın Talepkâr Ebeveyn Modunun kaynağının izini sürdüğümüzde karşımıza çoğunlukla aniden bir judo, atletizm veya yüzme eğitmeni ya da bir piyano öğretmeni çıkmaktadır. Şunlar tipik cümlelerdir: "O hiçbir zaman tatmin olmazdı. Her zaman çalışmam gerekiyordu ancak büyük bir başarı anlamında bir sonuç veya ulaşılmış ve mutlulukla karşılanmış bir hedef asla var olmadı."

Bunun dayandığı noktalardan bir tanesi, içinde böyle çocukların ve gençlerin hareket ettiği performansa dayalı sistemlerin yukarıya doğru açık olması ve gitgide daha katı bir duruma gelmesidir. Örneğin bir çocuk bölgesel düzeydeki spor müsabakalarında veya müzik yarışmalarında başarı elde etmişse ülke çapındaki seviyeye tırmanır ve kendisini artık bu düzeyde de kanıtlamalıdır. Ve bu böyle, üzerinde daha fazla başarı elde edilemeyecek olan basamağa ulaşana kadar sürer gider.

### Vaka Örneği

Magnus K. gençliğinde yüzme sporuyla ciddi anlamda uğraşmıştır. Yerel düzeyde çok iyi bir yüzücü olmuş olduğundan birçok kez ülke çapındaki müsabakalarda yarışmıştır. Aşırı ölçüde sert antrenmanlar yapmış olmasına rağmen bu müsabakalarda sürekli geride kalmış, altıncılık ve yedincilik sıralarının üstüne nadiren çıkmayı başarmıştır. Böylece Magnus sıkı çalışmayla birlikte gelen oldukça iyi başarılarla da bir kaybedenmiş gibi hissedilebileceğini öğrenmiştir. Magnus'un 15 yıllık yüzme hayatına dair en önemli anıları yıllar boyunca elde ettiği bölgesel başarılarla ilgili değildir. Bunların yerine gözünde sürekli, ülke çapındaki daha düşük performansıyla ilgili hayal kırıklığı yaşayan eğitmeninin resmi canlanmaktadır.

Bu arada Magnus üniversiteye başlamış ve burada kendisinin yaklaşmakta olan sınavlarla ilgili yoğun baskı altına girdiğini ve sınavlardan birinci sınıf sonuçlar almadığında kendisini kolaylıkla bir kaybedenmiş gibi hissettiğini fark etmiştir. Bu duygular Magnus'a güçlü bir biçimde yüzme yaşamı ile ilgili durumları hatırlatmaktadır.

**Talepkâr Ebeveyn Modu mu, yoksa Sağlıklı Hırs mı?**

Çalışma hayatındaki, spordaki veya aynı zamanda görünümümüzdeki başarıların ödüllendirildiği ve teşvik edildiği bir toplumda yaşamaktayız. Bu yüzden birçoğumuzun içinde, bizi sürekli yüksek hedefler için çabalamaya iten bir çeşit "ateşleyicinin" bulunuyor olması şaşırtıcı değildir. Belki şu anda kendinize, kişiye yardım eden "sağlıklı hırsla" Talepkâr Ebeveyn Modu arasındaki farkın ne olduğunu soruyorsunuzdur.

Başarı ihtiyacı kadar diğer ihtiyaçları da tatmin etmede ne kadar iyi olduğunuz, bunun hırsınızla nasıl uyuştuğu ve sizin için ne ölçüde mümkün olduğu anlaşıldıktan sonra bu farkı değerlendirmek çok daha iyi olacaktır. Amaçlarınız uyku bozuklukları, zihinsel olarak düşüncelere dalmak, yeme bozuklukları veya ➤Tükenmişlik Sendromu gibi durumlarla sizi kısıtlamaya neden oluyorsa bir Talepkâr Ebeveyn Modundan bahsedebiliriz. Rahatlama ve eğlence (Örneğin dans etme, arkadaşlarla buluşma, sinemaya gitme) ihtiyaçlarınızı karşılayan hoş aktivitelerle ilgilenmeyi başaramıyorsanız ve bu aktivitelerle ilgilenmek yerine sürekli çalışmak zorundaysanız, yüksek ihtimalle ebeveyn modunuz iş başındadır. Öte yandan kendinizi iyi hissediyorsanız, hayatınızı genellikle hoş bir biçimde sürdürmekteyseniz ve aynı zamanda da kendinizi rahatlatabiliyorsanız, muhtemelen "sağlıklı" hırsa sahipsinizdir.

Daha önceki açıklamalarda da görebileceğiniz gibi Talepkâr Ebeveyn Moduna neden olmuş olan kişiler, çocuklara çoğunlukla yalnızca iyi niyetle yaklaşmışlar ancak muhtemelen takdir etme ile talepler arasındaki dengeyi kuramamışlardır. Örneğin ebeveynlerin, çocuklarına, çocuklarının özellikle başarılarını överken ilgi gösteriyor ve onay veriyor olmaları, gerçekleşebilen durumlardandır. Bu yanlış değildir ancak başka durumlarda ilgi ve övgünün nadiren sunuluyor olması, çocuğun yalnızca bir başarı elde ettiğinde sevildiğini hissetmesine yol açabilmektedir. Bazen çocuklar, başarı elde edemediklerinde duygusal uzaklaşma ile cezalandırıldıklarını da tecrübe ederler. Bir çocuğun okuldan eve bir sınavdan aldığı orta not ile gelmesinin ardından annesinin belirgin bir hayal kırıklığıyla tepki vermesi ve çocuğuyla gün boyunca neredeyse hiç konuşmaması bu duruma örnek olarak gösterilebilir. Böyle durumlar çocuklar için aşırı derecede zorlayıcı olmakta ve onların zihinlerinin derinliklerine kazınmaktadır. Çocuklar, bunun gibi durumların ardından, kötü notlardan kaçınmak için her şeyi yapacaklardır. Ancak başarı kendilerinde hiçbir memnuniyet yaratamamaktadır! Başarı basitçe gereklidir çünkü çok çok iyi olmayan bir sonuç aldıklarında sevilmiyormuş gibi ve korkunç hissetmektedirler.

Fakat ebeveynler, öğretmenler veya diğer önemli kişiler başarıyı, çocuklardan ya da gençlerden her zaman açık bir biçimde talep etmezler. Ne var ki bunun yerine kendileri yüksek bir başarı yönelimine örnek oluşturmakt; kendilerine rahatlama ve eğlence için neredeyse hiç zaman ayırmamakta ve alan bırakmamaktadırlar. Çocuklara iyi notların hayatta her şey olmadığını vurguluyor olsalar bile kendileri bu söylediklerinden farklı bir model sunmaktadırlar. Psikolojide böyle durumlardan ➤Model Alarak Öğrenme adı altında bahsedilir.

**!** Başarı Odaklı Talepkâr Ebeveyn Modunun ortaya çıkmasına sıklıkla neden olan etmenler şunlardır:

- İyi notlara ve başarılara çok fazla değer veren ebeveynler veya öğretmenler.
- İstenen başarılar sağlanmadığında sevgiden yoksun bırakma.
- Başarının ödüllendirilmesi ancak diğer durumlarda övgü ve ilginin yetersiz olması.
- Kişiyi sürekli daha yukarı tırmanmaya iten başarı odaklı sistemler içerisindeki faaliyetler; örneğin rekabetçi sporlar veya müzik.

## *Kendimde Başarı Odaklı Talepkâr Ebeveyn Modlarının olduğunu nasıl anlarım?*

Aşağıdaki ifadelere dayanarak kendinizde bir Başarı Odaklı Talepkâr Ebeveyn Modunun bulunup bulunmadığını test edebilirsiniz.

- Halletmem gereken işleri tamamlamadan kendime rahatlama ve eğlence için hiçbir fırsat tanımıyorum.
- Sürekli bir şeyleri başarmanın veya bir şeylere ulaşmanın baskısı altındayım.

- Hiçbir hata yapmamaya çalışıyorum çünkü eğer yaparsam kendimi aşağılıyorum.
- Bir şeyleri yapmanın bir "iyi" ve bir de "kötü" biçimi olduğunu düşünüyorum; her şeyi doğru yapabilmek için büyük çaba harcıyorum çünkü yapamazsam kendimi eleştirmeye başlıyorum.

Başarı Odaklı Talepkâr Ebeveyn Modunuzu daha iyi tanıyabilmeniz için (Ekler kısmında yer alan) "Benim Başarı Odaklı Talepkâr Ebeveyn Modum" adlı Çalışma Kağıdı üzerinde çalışmanız burada da yararlı olacaktır. Sonuçları yine Mod Tablosu'na girebilirsiniz (Bkz. s.190-191).

## Başkalarında Başarı Odaklı Talepkâr Ebeveyn Modlarının olduğunu nasıl anlarım?

Bir kişi güçlü bir Başarı Odaklı Talepkâr Ebeveyn Moduna sahipse, muhtemelen bu kişinin mükemmeliyetçiliğinin aşırı olduğunu deneyimlersiniz. Bu kişinin kendisini aşırı ölçüde zorladığını, gerektiğinden daha fazla görev üstlendiğini ve girdiği durumlarda aslında daha az çabanın gerekli olduğunu düşünebilirsiniz. Muhtemelen şöyle dersiniz: "Niye tüm bunları yapmak zorunda? Bu kesinlikle hiç gerekli değil! Bunlar için yardım alabilir; hem kimse de ondan bunları beklemiyor." Ya da şöyle düşünebilirsiniz: "Böyle olmaya devam ederse yakında çöker. Bu, onun için çok fazla; neden kendisine bu kadar yükleniyor ki?" Karşınızdaki kişiye bunları söylediğinizde, kişi bu söylediklerinizi anlamamış bir biçimde boş tepkiler verebilir ya da ne olursa olsun rahatlayamadığının farkına varabilir.

Örneğin bir iş arkadaşınızın kendisine fazlasıyla yüklenmekte olduğunu düşünüyor olabilirsiniz. Öyle ki bu arkadaşınız bu kez de, diğer herkesin yapmaktan uzak durduğundan emin olduğunuz beş farklı işi kendi görevlerine ek olarak üstlenmiştir. Arkadaşınız niçin tıpkı diğerleri gibi kaytaramamaktadır? Belki de bu sorunun yanıtı burada bir Talepkâr Ebeveyn Modunun rol oynadığıdır!

Bir Talepkâr veya Cezalandırıcı Ebeveyn Modunun varlığı için belirleyici olan, karşınızdaki kişiyle bu konuyla ilgili konuştuğunuzda ondan aldığınız yanıtlardır. Arkadaşınız, öneriniz üzerine memnun oluyor, söylediğiniz gibi davranmaya karar veriyor ve tıpkı diğer çalışanlar gibi bir bahane ile bazı işleri üstlenmekten kaçınmaya başlıyorsa, muhtemelen güçlü bir ebeveyn moduna sahip değildir; bu fikri basitçe daha önce kendi başına keşfedememiş olabilir. Ancak size, niçin diğerlerinden çok daha fazla çalışması gerektiğini açıklamaya başlıyorsa büyük olasılıkla ebeveyn modunun etkisiyle hareket etmektedir.

## 3.2 Duygu Odaklı Talepkâr Ebeveyn Modu

Burada da ön planda olan kişinin üzerindeki yüksek taleplerdir. Ancak bu talepler, kişinin kendisini nasıl hissetmesi gerektiğine veya belirli sosyal durumlarda nasıl davranması gerektiğine odaklanmaktadırlar. Bununla ilgili olarak şunlar çok tipik biçimde gözlenmektedir: Bu ebeveyn moduna sahip olan bireyler, başkaları için her şeyi yapmak zorunda olduklarını hisseder ve kimseyi eleştirmemeleri gerektiği duygusunu taşırlar. Bu bireyler her zaman iyi bir insan olmaları gerektiği ve diğer insanların mutluluklarından da sorumlu oldukları duygularına sahiptirler. Bunları sağlayamadıklarında suçluluk duyguları açığa çıkmaktadır. Duygu Odaklı Talepkâr Ebeveyn Modu, örneğin doktorluk, psikoterapistlik, sosyal hizmet uzmanlığı ya da hemşirelik gibi sosyal mesleklere adım atmış olan kişilerde sıklıkla gözlemlenmektedir.

**Vaka Örneği**

Anja M. danışanları tarafından çok sevilen bir psikoterapisttir ve insanlarla çok iyi empati kurabilmektedir. Onların sorunlarını anlayabilen Anja, onları çok güzel biçimde destekleyebilmekte, cesaretlendirebilmekte ve neşelendirebilmektedir. Ancak Anja sık sık, hem mesleğinde hem de özel yaşamında, gerektiğinde diğer insanlara mesafe koymakta başarısızlığa uğramaktadır. Herkesle ve her şeyle ilgilenmektedir ancak bu kendisi için çok fazladır. Böyle yapmayı reddettiğinde kendisini suçlu ve sevilmiyormuş gibi hissetmektedir.

Anja'nın annesi birçok kez depresyon geçirmiş ve depresyon fazlarında çocuklarına karşı çok uzak ve kapalı davranmıştır. Böyle olduğunda Anja sürekli onu neşelendirmeye veya onun yüzünde en azından küçük bir gülümseme oluşturmaya çalışmıştır.

Bu yüzden Anja bugün de, kendisinin diğer insanları neşelendirmekten sorumlu olduğunu hissetmekte ve çevresindeki insanların tamamen mutlu ve keyifli olmaları için özen göstermezse bu insanlar tarafından sevilmeyeceği duygusuna kapılmaktadır.

**Ebeveynleşme.** Anja'nın öyküsü, Duygu Odaklı Talepkâr Ebeveyn Modlarının ortaya çıkışının çok tipik bir örneğidir. Anne ve babaları (ya da ebeveynlerinden yalnızca biri) psikolojik rahatsızlık –ki bu sıklıkla depresyondur–; geçiren bireylerin çoğunlukla güçlü bir duygu odaklı talepkâr ebeveyn yanları bulunmaktadır. Bunun nedeni olasılıkla bu bireylerin çocukluklarından itibaren diğer insanlardan, özellikle de bu insanların ruh hali ve mutluluklarından kendilerinin sorumlu olduklarını hissetmiş olmalarıdır. Ailelerinde psikolojik rahatsızlığı olan bireyler bulunanlar genellikle bu rahatsızlıkla başa çıkamamış ve geri çekilmişlerdir. Böyle olduğunda ise örneğin annesiyle başbaşa kalan bir kız çocuğu, sonunda annesini bulunduğu ruh halinden çekip çıkarmaktan sorumlu duruma gelmiştir. Bu süreç, terminolojide 'ebeveynleşme' olarak adlandırılır. Bununla ifade edilen, bir çocuğun ebeveynlik rolünü, özellikle sosyal ve duygusal alanlarda çok erken üstlenmiş olduğudur.

Böyle durumlar anne-baba ayrıldığında ve ebeveynden birisi çocuğu, içine evlilik ve diğer ebeveyn hakkındaki "yakınmalarını" fırlattığı bir "çöp kutusu" gibi kullandığında gerçekleşebilmektedir. Sonrasında ise çocuk çabucak, aslında yaşından ötürü kendisi için henüz uygun olmayan bir danışman, yatıştırıcı kimse veya arabulucu rolü üstlenmektedir. Çocuk bu rolde "başarılı" olamadığında, örneğin ebeveynden birini mutlu edemediğinde, kendisini suçlu ve daha fazla özen göstermenin sorumluluğu altında hissetmektedir. Çocuk bu rolün kendisi için uygun olmadığını ve abartılı taleplerde bulunduğunu anlayamadığı için onu doğal saymakta ve sonuç olarak bu rolü genellikle Duygu Odaklı Talepkâr Ebeveyn Modu olarak yaşam boyu sürdürmektedir.

**Model Alarak Öğrenme.** Burada rol oynayan süreçlerden biri de ➛Model Alarak Öğrenme'dir. Sonradan kendilerinde güçlü bir Duygu Odaklı Talepkâr Ebeveyn Modu ortaya çıkmış olan bireyler çocukluklarında genellikle, tüm aile üyelerinin kendilerini ailedeki belirli bir kişiye, örneğin depresyondaki anneye göre ayarladığını deneyimlemişlerdir. Şu ifade buna örnek olarak verilebilir: "Babamı/Büyükannemi/Büyükbabamı sürekli hepimizin neşe dolu ve mutlu olduğuna ve yine herkesin onunla birlikte olmaktan çok hoşlandığına inandırmak zorundaydık!" Böyle durumlarda kişi, kendisini nasıl hissediyor olursa olsun, belirli bir rolü üstlenmek zorundadır. Yani kişinin, ilgi, yakınlık, neşe gibi aslında belki de hissetmediği duyguları gösteriyor olması gerekmektedir. Ancak kişi sonraları ilişkilerde bir şeyi beğenmediğini açık bir biçimde ifade ettiğinde, belirli koşullar altında suçluluk duyguları açığa çıkabilmektedir.

**Vaka Örneği**

Anna L. çok sevilen, her zaman iyi bir ruh haline sahip, sakin ve dengeli birisidir ve hemşire olarak çalışmaktadır. Ancak Anna sürekli belirli hastaların kendisini aşırı ölçüde zorladığını ve strese soktuğunu fark etmektedir. Bu hastalar hoşnut olmadığında, Anna telaşa kapılmakta ve kendisini kötü hissetmektedir. Bunlar çok tipik bir biçimde patronluk taslayan ve taleplerde bulunan hastalardır. Anna'nın babası da hep böyle biri olmuştur. Babası evde olmadığında, hayat aile için çoğunlukla huzurlu olmuş ancak eve geldiğinde tüm aile onu keyiflendirmeye çalışmıştır. Çünkü böyle yaparak onun agresif ve buyurgan bir tonla konuşmasını engellemişlerdir. Anna'yı hiç kimse bunu yapması için açıkça yönlendirmemiş, o bu davranışı çok küçük yaşlardan itibaren annesini izleyerek öğrenmiştir.

Bazı bireylerin çocukluklarında, duygusal rollerini oynamadıklarında durumun tehlikeli bir hale gelebildiğini deneyimlemiş olmaları da rastlanılan uç konulardandır. Örneğin alkolik babaların kızları sıklıkla, babalarının özellikle de alkollü olduğu anlarda öngörülemez ve agresif davrandığını ve şiddet kullanmaya yatkın olduğunu ifade etmektedirler. Böyle durumlarda anne, babadan ayrılmayı başaramıyorsa, babayı kızdırmamak için genellikle itaatkâr tepkiler vermektedir. Bu tip ilişkiler içinde büyüyen çocuklar, hayatlarının sonraki aşamalarındaki ilişkilerde kendi ihtiyaçlarını ifade etmeyi ya da eşlerini eleştirmeyi denediklerinde, birçok alana yayılan bir tehlike duygusuna kapılmaktadırlar – objektif bir şekilde bakıldığında ortada endişelenmek için hiçbir neden bulunmadığında bile.

**!** Aşağıda Duygu Odaklı Talepkâr Ebeveyn Modunun tipik biyografik nedenleri bulunmaktadır:

- **Ebeveynleşme:** Ebeveynler psikolojik olarak istikrarsız bir durumdadır ve çocuk başkalarının mutluluğundan sorumlu olduğu hissini erken öğrenmiştir.
- **Model Alarak Öğrenme:** Çocuk erken yaşlarda diğer aile üyelerini izleyerek, ailedeki belirli bir kişinin tatmin edilebilmesi için uyulan belirli bir ilişkisel davranışı öğrenmiştir.
- Aile üyelerinden biri, örneğin çocuk, bir başka aile üyesinin ihtiyaçlarına veya ruh haline göre davranmadığında tehdit ortaya çıkmıştır.

### *Kendimde ve Başkalarında Duygu Odaklı Talepkâr Ebeveyn Modlarının olduğunu nasıl anlarım?*

Aşağıdaki sorular aracılığıyla bir Duygu Odaklı Talepkâr Ebeveyn Modunuzun olup olmadığını kontrol edebilirsiniz.

- Başkalarını hoşnut edebilmek ve anlaşmazlıklardan, tartışmalardan, reddedilmekten kaçınmak için büyük çaba harcıyorum.
- Başkalarına öfkelendiğimde kötü bir insan oluyorum.
- Kendimi diğer insanların çoğundan daha fazla sorumluluğunun bilincinde olan birisi olmaya zorluyorum.

Duygu Odaklı Talepkâr Ebeveyn Moduyla ilgili kendinize sorabileceğiniz soruları (Ekler bölümünde yer alan) "Benim Duygu Odaklı Talepkâr Ebeveyn Modum" adlı Çalışma Kağıdında bulabilirsiniz. Sonuçları yine, sayfa 192 ve 193'de yer alan Mod Tablosu'na ekleyebilirsiniz.

Ağırlık merkezi başarı olan Talepkâr Ebeveyn Modlarını *(Bkz. Bölüm 3.1)* nasıl tanıyorsanız, bu modu da, kendinizi baskı altında hissediyor olmanızdan ve ihtiyaçlarınızı, bunlar tarafsız bir gözle bakıldığında uygun olan ihtiyaçlar olsalar bile, belirtmekte çok büyük zorluk çekiyor olmanızdan tanıyabilirsiniz.

Başka bir kişi Duygu Odaklı Talepkâr Ebeveyn Moduna sahipse, bu kişiyle ilgili izlenimleriniz muhtemelen, onun diğer insanları bu kadar fazla memnun etmeye çalışmasının kesinlikle gereksiz olduğu ve kendi ihtiyaçlarını sakin bir biçimde daha sık belirtmesi gerektiğidir. Ancak bunları ona söylediğinizde, söylediklerinizi aslında kendisi için diliyor olsa bile, bunları güçlükle kabul edebildiğini hissedebilirsiniz. Burada daha pek çok şey Başarı Odaklı Talepkâr Ebeveyn Modunun özellikleriyle benzerlik göstermektedir.

## 3.3 Cezalandırıcı Ebeveyn Modları

Cezalandırıcı Ebeveyn Modlarındaki birey kendisini aşırı ölçüde değersizleştirmekte ve hatta kendisinden nefret edebilmektedir. Güçlü bir Cezalandırıcı Ebeveyn Moduna sahip olan bireylerin biyografilerinde duygusal, bedensel veya cinsel istismara sıklıkla rastlanmaktadır. Örneğin göğüslerinin büyük olmasından ötürü ergenlik çağında sınıf arkadaşları tarafından kendisiyle alay edilmiş olan bir kız çocuğunun, göğüslerinden ya da tüm bedeninden yaşam boyu büyük bir utanç duyacak olması oldukça muhtemeldir. Ya da bir erkek çocuğu, işlemiş olduğu önemsiz bir kusur yüzünden ağır biçimde cezalandırılmışsa, yaşamının sonraki dönemlerinde yaptığı basit hatalarla birlikte aniden, bu hataların kabul edilemez olduğunu ve cezalandırılmayı hak ettiğini hissedebilir.

İstismarın, Cezalandırıcı Ebe-veyn Modunun ortaya çıkmasına yol açabilen çeşitli biçimleri vardır. Bu istismar biçimlerinden yalnızca bir tanesi deneyimlenmiş olabilir; an-cak çok daha kötü durumlarda birden fazla biçimin bir araya gelmiş olduğu da gözlenebilmektedir.

**Cinsel istismar.** İstismarın "en belirgin" biçimi kesinlikle budur. Burada ilk akla gelen genellikle baba olmaktadır. Ancak büyükbaba ya da diğer akrabalar ve komşular ya da güvenilmekte olan gençlik grubu liderleri, spor eğitmenleri ve din adamları gibi başka erkek ve kadın-ların da sıklıkla suçlu olabildiğini anlamak önemlidir. Cinsel istismar, Cezalandırıcı Ebeveyn Modlarına çeşitli nedenlerden ötürü yol açabilmektedir. Cinsel istismara maruz kalan çocuklar yaşadıkları olaylardan, bunlarla ilgili hiçbir suçları olmamasına rağmen büyük bir utanç duymaktadırlar. Dahası, suçlu olan kişiler de tipik bir biçimde bu kötü davranışın suçlusunun çocuğun kendisi olduğunu ve kendilerini çocuğun tahrik etmiş olduğunu ileri sürmektedirler. Öte yandan istismar edilmiş çocuklar çoğunlukla, daha iyi bir davranışı kötü insanlar oldukları için hak etmemiş olduklarına inanmaktadırlar – yani bunun kötü insan oldukları için meydana geldiğini düşünmektedirler.

**Bedensel/Fiziksel istismar.** Bununla anlatılmak istenen, çocukların dövülmesi ya da başka biçimlerde canlarının yakılmasıdır. Kimi zaman çocukları döven ebeveynlerin ya da diğer önemli kişilerin, özellikle kolay ve çok çabuk öfkelenebilen insanlar oldukları gözlenmektedir. Ancak bazı bireyler, daha çok sadistik bir niteliğe sahip olan fiziksel bir istismardan da bahsedebilmektedirler – bu, istismar eden kişinin çocu-ğu kötüye kullanmaktan açıkça zevk aldığı anlamına gelmektedir. Böyle durumlar, her koşulda fazlasıyla belirgin ve çok ağır psikolojik yaralar bırakmakta ve çok şiddetli Cezalandırıcı Ebeveyn Modlarına neden olmaktadır. Bedensel ve fiziksel istismar, sınıf arkadaşları veya yaşıtlar arasında da ortaya çıkabilmekte ve korkutucu psikolojik sonuçlar doğurabilmektedir.

**Duygusal istismar.** Bununla özellikle anlatılmak istenen, çocukların ebeveynler tarafından duygusal olarak aşırı ölçüde kullanılmalarıdır. Ebeveynler bunu örneğin, diğer ebeveynin cinsel sorunlarını çocuklara anlatarak, çocuklara evlilikteki sorunlardan suçlu oldukları hissini verip onları korkutarak, intihar edeceklerine yönelik tehditlerle evi terk edip çocukları çaresiz bırakarak yapabilmektedirler.

**İhmal etmek.** Çocuklar, iyi bir bakım görebilecek kadar değerli olmadıklarını deneyimlediklerinde büyük olasılıkla Cezalandırıcı Ebeveyn Modu konseptini kullanmaya ve sürdürmeye başlarlar. Yeterli beslenmeme, yeterli biçimde giydirilmeme, yakınlık görmeme gibi örnekler ya da ebeveynin nedensiz bir şekilde günlerce ortalarda görünmemesi ve kestirilemez bir zamanda çıkıp gelmesi bu deneyimler arasında yer alır.

**Diğer ağır cezalar.** Bazı insanlar, çocukluklarında çok korkunç olabilen ceza biçimleri deneyimlemiştir. Bunlar arasında, çıplak bir biçimde kapı önünde beklemek, yemek yememek, karanlıkta bodrum katında beklemek sayılabilir. Böyle olaylar çoğunlukla hafızanın derinliklerine kazınırlar ve genellikle de, terapi içinde spesifik olarak ele alınmadıkları sürece, uygun bir biçimde alt edilemezler.

**Mobbing.** Mobbing, özellikle de sınıf arkadaşları ve yaşıtlar tarafından uygulanıyorsa, istismarın fazlasıyla aşırı ve uzun süreli bir biçimini ortaya koyabilmektedir. İstismara uğrayan kişiler daha sonra genellikle, yıllar boyu mobbinge maruz kalmış olduklarını ifade etmektedirler. Daha tehlikeli olansa muhtemelen sınıf arkadaşları tarafından uygulanan mobbingdir. Çünkü kişi, sınıf arkadaşlarıyla yıllarca hemen hemen her gün birkaç saat geçirmek zorunda kalmaktadır. Mobbing durumunun deşifre olması kişinin kendisini bir ispiyoncuymuş gibi hissetmesine neden olabilecek ve bu da kişinin durumunu çok daha kötü bir duruma sokabilecektir! Kişi bu yüzden, çıkar bir yolunun olmadığı ve bu duruma boyun eğmesi gerektiği duygusuna sahip olmaktadır.

## Vaka Örnekleri

**Örnek 1:**

28 yaşındaki Barbara P. sınır kişilik bozukluğu olan bir hastadır. Barbara, içinde normal görevleri yerine getirdiği, normal bir hayat sürdürememektedir. Bunun nedeni, en küçük sorun ve anlaşmazlıklar sonucu kendisine zarar vermek zorunda olduğunu hissetmesi ve insanların arasına çıkamamasıdır. Barbara çocukluğunda, büyükbabası tarafından yıllar boyu ağır cinsel istismara maruz kalmıştır. Aile bir şeyler olduğunu hissetmiş olsa da bu durumun üzerinde durmamış ve Barbara'yı büyükanne ve büyükbabasının evine göndermeye devam etmiştir. Barbara bugün kendisini ve vücudunu korkunç bulmaktadır. Kötü davranışı hak ettiği duygusuna sahiptir ve kendi ihtiyaçlarını ifade etmek bir yana, kendisine ait ihtiyaçların olmasına bile izin verememektedir. Kendini yaralama davranışı, kendisinden tamamen nefret ediyor olduğunda, onun kendisini cezalandırmasına hizmet etmektedir.

**Örnek 2:**

Miriam T. yemek yemek için kendisine güçlükle izin verebilmektedir. Yemek yemek onda mutlak bir iğrenme duygusunu açığa çıkarmaktadır. Dahası, kendisini korkunç ve katlanılmaz birisi olarak görmektedir. Miriam bir ailenin yanında evlatlık olarak büyümüştür. Kendisini evlat edinmiş olan anne muhtemelen sadistik eğilimleri olan, fazlasıyla gergin birisidir ve henüz bir çocuk olan Miriam'ı sürekli yemek çalıyor olmakla suçlamıştır. Bunun sonucunda Miriam, ceza olarak yemek yemeden yatağa gitmek zorunda kalmıştır. Bu suçlamalar hemen her zaman haksız yere yapılmış olsalar da verilen cezalar merhametsizce uygulanmıştır.

Cezalandırıcı Ebeveyn Modlarının bazı çeşitli "mesajları" olabilmektedir. Sevilmeye değer olmama duygusuna, bu modun görüldüğü hemen hemen her durumda rastlanılmaktadır. Bunun yanısıra kişide, örneğin kişi daha önceden kendisinin cezalandırılmasına neden olmuş olan şeyleri tekrar yaptığında, kendinden utanma ve iğrenme duyguları da ortaya çıkabilmektedir. Bireylere, kendilerine ait ihtiyaçların ve hakların var olduğunu hissettiren duygu, bu moda sahip olan kişilerin muhtemelen hiç tanımadıkları bir duygudur.

### *Kendimde ve Başkalarında Cezalandırıcı Ebeveyn Modlarının olduğunu nasıl anlarım?*

Aşağıdaki soruların yardımıyla, bir Cezalandırıcı Ebeveyn Modunuzun bulunup bulunmadığını inceleyebilirsiniz.

- Kötü olduğum için başka insanların yaptığı güzel şeyleri yapmak için kendime izin vermiyorum.
- Cezalandırılmayı hak ediyorum.
- Canımı yakarak kendimi cezalandırma dürtüsüne (örneğin kendimi kesici bir aletle yaralama isteğine) sahibim.
- Kendimi affedemiyorum.

Eğer bir Cezalandırıcı Ebeveyn Moduna sahipseniz, sıklıkla kendinizi korkunç bulduğunuzu ve kendinizden utanç duyduğunuzu fark eder, duygu ve ihtiyaçlarınızın hatalı olduğunu ve kimseden bir şey bekleyemeyeceğinizi hissedersiniz. Birisi size, sizden çok hoşlandığını ve onun için çok önemli olduğunuzu söylese bile, bu sözlere inanmayı neredeyse hiçbir şekilde başaramayabilirsiniz.

Cezalandırıcı Ebeveyn Moduyla ilgili kendinize yöneltebileceğiniz soruları, Ekler bölümünde yer alan "Benim Cezalandırıcı Ebeveyn Modum" adlı Çalışma Kağıdında bulabilirsiniz. Sonuçları yine sayfa 194 ve 195'de bulunan Mod Tablosu'na girebilirsiniz.

### *Cezalandırıcı Ebeveyn Modlarının başkalarında olduğunu nasıl anlarım?*

Diğer insanların Cezalandırıcı Ebeveyn Modlarını, pozitif görünen hiçbir mesajın size "ulaşmıyor" olmasından tanıyabilirsiniz. Bu modda bulunan kişi, siz onu, kendisinin sevilmeyi hak eden ve çok değerli birisi olduğuna veya yaptığı basit bir hatanın gerçekten ciddi hiçbir sorun yaratmayacağına ikna etmeye ne denli çalışırsanız çalışın, kendisini korkunç hissetmekte ve değersizleştirmektedir.

Örneğin bu kişiler size her fırsatta, kendilerinin arkadaşlığına tahammül edip edemediğinizi sorabilmektedirler. Ya da sürekli ne kadar aptal, gereksiz ve rahatsız edici olduklarını vurgulamaktadırlar. Böyle durumlar karşısında sabrınız taşabilir çünkü karşınızdaki kişiyi muhtemelen çok daha farklı görmektesinizdir. Hatta günün birinde bazı koşullarla birlikte fazlasıyla öfkelenebilirsiniz. Bunun nedeni kişiye gösterdiğiniz çabaların ve ilginin ve onunla kurduğunuz empatinin bunları ifade ettiğinizde bile kişi tarafından anlaşılmıyor oluşudur. Bunlar anlaşılamamaktadır çünkü kişinin ebeveyn modu ve kendini değersizleştirme hissi tıpkı bir duvar gibi önünüzde dikilmektedir.

### Vaka Örneği

Yvonne T. belirgin bir Cezalandırıcı Ebeveyn Moduna sahiptir. Bunun nedeni çocukluğunda edindiği, onda kendisinin tamamen değersiz olduğu duygusunu bırakmış olan şiddet deneyimleridir. Öte yandan Yvonne, sadık ve güvenilir arkadaşlara sahip olan ve dışarıdan bakıldığında hoşlanılabilen bir kadındır. Arkadaşı Maja'nın da Yvonne'unkilere benzeyen -ancak onlardan daha zayıf olan- sorunları vardır. Yvonne baskılar altında tamamen tükendiğinde ve bu yüzden kendisini değersizleştirmeye başladığında, Maja kimi zaman onun yorumlamalarını ve öz imajını sorgulamayı deneyerek ona, durumlara başka bir perspektiften bakmayı ve aslında her şeyi nasıl da iyi halledebildiğinden emin olması gerektiğini önermektedir. Ancak Yvonne böyle durumlarda neredeyse ulaşılamaz bir insan haline gelmektedir. Maja'nın söylediklerini dinliyormuş gibi görünse de onun verdiği bilgilerin küçücük bir kısmı bile aklında yer etmemektedir. Böyle durumların sonucunda Maja her seferinde sinirlenmekte ve gelecekte Yvonne'u, Yvonne zarar görüyor ve bu yüzden kendisini çok kötü hissediyor olsa bile, "kendi filmi içinde yalnız bırakmaya" karar vermektedir.

İncinmiş Çocuk Modunda olana benzer bir kısır döngünün Cezalandırıcı Ebeveyn Modunda da işbaşında olabileceği belki çoktan dikkatinizi çekmiştir. Cezalandırıcı Ebeveyn Modundaki kişi, kendi haklarını açık bir biçimde ifade etmeye izninin olmadığı duygusuna sahiptir ve hatta hiçbir şeye hakkının olmadığını bile hissedebilmektedir. Bireyle iyi anlaşmakta olan yakın arkadaşlar, onunla ilgili muhtemelen tamamen farklı bir fikre sahiptirler. Kişinin ihtiyaçları, arkadaşları için önemlidir ve arkadaşları bunları yerine getirmekten memnun olmaktadırlar. Ancak bireyin kulağı tüm bunlara tıkalıdır. İyi niyetli tüm ikna ve cesaretlendirme çabaları kişiden adeta geri sekmektedir. Kişi, kendisini aşırı bir biçimde değersizleştirdiği için genellikle kendisine iyi niyetle yaklaşan insanları uzaklaştırmaktadır. Hatta kimi zaman diğer insanlar kendisiyle ilgileniyor oldukları için onun tarafından değersizleştirilebilmekte ve böyle olduğunda ise kişinin cezalandırma eğilimi bu insanların üzerine doğru genişleyebilmektedir.

# 4 Başa Çıkma Modları

Çocuk Modları ve Ebeveyn Modları ile ilgili olan son bölümlerde, çocukluklarında ve gençliklerinde sevilmemiş olmayı, aşırı talepleri, bir kaybeden olarak damgalanmış olmayı ve istismarı tecrübe etmek zorunda kalmış olan insanların hangi acı verici içsel yanları geliştirebilecekleri anlatılmıştır. Her insan kendi üzerindeki bu Ebeveyn ve Çocuk Modlarını belirli bir dereceye kadar tanıyabilmektedir. Bazı insanlar hayatlarını bu modlarla da oldukça iyi sürdürebilmektedirler çünkü bu insanlarda bu modlar kendilerini yalnızca nadiren ve hafif bir şiddette göstermektedir. Ancak diğer bazı insanlar ise bu modlara takılıp "tökezleyerek" tekrar tekrar şiddetli duygusal sorunların içine düşmektedirler.

İnsanların, duygusal açıdan acı verici olan tecrübelerin üstesinden gelmek için sıklıkla ya da nadiren kullandıkları çeşitli temel seçenekleri vardır. Psikolojide bunlardan ➛Başa Çıkma olarak bahsedilmektedir. Başa çıkma, kişiden kişiye değişkenlik göstermektedir ve genellikle çocukluk deneyimleriyle ilişkilidir. Başa çıkma biçimlerindeki yoğunluk çoğunlukla, Çocuk ve Ebevyn Modlarıyla ilişkili olan duyguların yoğunluğuna bağlıdır.

### *Üç Başa Çıkma Biçimi*

Başa çıkma, aslında sıklıkla birbirinin içine geçen, üç temel biçime ayrılır. Zor bir durumla başa çıkmada çoğunlukla aşağıda yer alan psikolojik başa çıkma biçimlerinden birinin (ya da birkaçının bir arada) kullanılıyor olduğu düşünülmektedir:

- **Teslim Olma.** Kişinin davranışlarının Uyum Bozucu Ebeveyn Modunun "kurallarına uyuyor" olmasıdır.
- **Kaçınma.** Duygularla ve problemlerle yüzleşmek zorunda kalmamak için bunlardan kaçınıyor olma durumudur.
- **Aşırı Telafi.** Uyum Bozucu Ebeveyn Modunun bulunduğu taleplerin aksine davranmayı ve diğer insanları kontrol etme, onlara hükmetme, kendini onların üstünde görmeyi ifade etmektedir.

Bu üç farklı başa çıkma biçimi sonraki bölümlerde daha ayrıntılı bir şekilde ele alınacaktır. Ancak öncelikle bu başa çıkma biçimlerinin birbirlerinden nasıl ayrıldıklarına yönelik genel bir bakış sunmak gerekmektedir.

**Teslim Olma.** Birey, Uyum Bozucu Ebeveyn ve Çocuk Modlarının mesajlarını mutlak doğrular olarak görüp bunlara itaat etmekten başka alternatifi yokmuş gibi davranıyorsa, bu bireyde teslim olma söz konusudur. Belirgin bir teslim olma biçimine sahip olan bireyler çoğunlukla, Uyum Bozucu Ebeveyn ve Çocuk Modlarının ortaya çıkardığı duygulardan dolayı yoğun acı çekerler.

## Vaka Örnekleri

**Örnek 1**

Andrea M. güçlü bir Başarı Odaklı Talepkâr Ebeveyn Moduna sahiptir. Bu mod onu, her şeyi mükemmel biçimde yapmaya zorlamakta ve Andrea, adeta gece gündüz çalışmaktadır. Örneğin, mola vermiş olduğu için iyi bir performans gösterememişse kendisini çabucak baskı altında ve başarısız hissetmektedir. Andrea, kendi Başarı Odaklı Talepkâr Ebeveyn Moduna neredeyse tamamen teslim olmaktadır.

**Örnek 2**

Anita L. çocukluğunda çok ağır cinsel istismara maruz kalmıştır. Büyükbabası ve amcası Anita'ya yıllar boyunca tecavüz etmişler, öte yandan ona sürekli küfrederek daha iyisini hak etmeyen bir fahişe olduğunu söylemişlerdir. Genç bir kadın olarak Anita, kendisiyle cinsel ilişkiye girmek isteyen erkeklere karşı kendini savunamamaktadır. Zaten daha iyisini hak etmiyor olduğunu ve başka bir muamele bekleyemeyeceğini hissederek sekse katlanmaktadır. Böyle yaptığında ise kendi Cezalandırıcı Ebeveyn Moduna teslim olmuş olmaktadır.

**Örnek 3**

Theo F. güçlü bir Duygu Odaklı Talepkâr Ebeveyn Moduna sahiptir. Bu mod, sıklıkla depresyonda olan annesinin henüz bir çocuk olan Theo'dan sürekli destek talep etmiş olması sonucu doğmuştur. Theo bugün sosyal hizmetler uzmanı olarak çalışmakta ve kimi zaman aşırı ölçüde zorlanıyor olsa bile kendisini danışanlarına adamaktadır. Canı hiç istemediğinde bile herkese kulağını açmakta, eve sık sık ek iş ve görevler getirebilmektedir. Partneri bu durumdan memnun olmadığı için Theo bir yandan da, onunla güzel şeyler planlamaya ve arta kalan küçük boş zamanlarında onu mümkün olduğunca hoşnut etmeye büyük bir çaba harcamaktadır. Theo sürekli, hiç kimseye yetemediğini ve diğer insanlarla ilgilenmediği sürece onlar tarafından ilgi görmeyeceğini hissetmektedir. Kendi Duygu Odaklı Talepkâr Ebeveyn Moduna tamamıyla teslim olmuş durumdadır.

**Kaçınma.** Bireyler sıklıkla Ebeveyn ve Çocuk Modlarının yarattığı güç duygulardan, bu duyguların ortaya çıkabileceği durumlara girmeyerek veya olumsuz duyguların şiddetini azaltabilen alkol veya yatıştırıcı gibi maddeleri kullanarak kaçınmaktadırlar. Yani birey bir şeyleri özellikle, Ebeveyn ve Çocuk Modlarının doğurduğu negatif duyguları hissetmemek için yapıyorsa, burada bir başa çıkma stratejisi olarak kaçınma söz konusudur. Bu strateji çeşitli formlara sahiptir ve (sosyal geri çekilme veya işe gitmeme gibi) çeşitli kaçınma davranışlarını, madde kullanımını (alkol, esrar gibi) ve aşırı ölçüde televizyon izlemek veya bilgisayar oyunları oynamak gibi kişinin aklını bu duygulardan uzaklaştıran aktiviteleri içermektedir.

## Vaka Örnekleri

**Örnek 1**

Paula Z.'nin, kendisine katlanılamaz bir insan olduğunu ve hiç çekici birisi olmadığını söyleyen çok güçlü bir Cezalandırıcı Ebeveyn Modu vardır. Diğer çocuklar onunla küçüklüğünden itibaren çarpık bacaklı ve sivilceli diye alay etmişler, öte yandan Paula, ebeveynleri tarafından sürekli çok güzel olan kız kardeşiyle kıyaslanmıştır. Bu yüzden Paula, insanlar arasında kendisinden çok utanmaktadır. Ancak bu ebeveyn modundan, kendisini toplumdan uzaklaştırarak ve insanlar arasına neredeyse hiç girmeyerek kaçınmaktadır (kaçınma davranışı). Tüm bunlara rağmen dışarı çıktığında, örneğin arkadaşlarıyla buluştuğunda veya onlarla birlikte bir partiye gittiğinde, aslında istemiyor olmasına rağmen, genellikle çok fazla alkol tüketmektedir. Çünkü içki içtiğinde olumsuz duyguları artık hissetmemeye başlamakta ve kendisini görece rahatlamış hissetmektedir (alkol aracılığı ile duygulardan kaçınma).

**Örnek 2**

Bernd K. okul hayatı boyunca pek bir zorlukla karşılaşmamıştır. Hem bu nedenle hem de ailesinde var olan şiddetli başarı yönelimi nedeniyle Bernd'de güçlü bir Talepkâr Ebeveyn Modu gelişmiştir. Ancak Bernd üniversiteye geldiğinde aniden "diğerlerinden biri" haline gelmiş, diğer tüm öğrenciler gibi o da başlangıç sorunlarıyla mücadele etmiş ve kendi ebeveyn modunun taleplerini daha fazla yerine getirememeye başlamıştır. Zaman geçtikçe üniversiteye daha nadir uğramaya başlayan Bernd, üniversiteye gitmek yerine, zamanını bilgisayarda 'World of Warcraft' oynayarak, internette dolaşarak ve televizyon izleyerek "harcamaktadır". Tüm bu davranış biçimleri, kaçınma olarak görülebilir.

**Örnek 3**

Katrin D. güçlü bir Duygu Odaklı Talepkâr Ebeveyn Moduna sahiptir. Bu mod ona, herkes için her an sorumlu, yardıma hazır ve destekleyici olması gerektiğini bildirmektedir. Katrin komşusuna çeşitli günlük işlerde sık sık yardım etmekte ve bunu temelde doğru bulmaktadır ancak komşusu Katrin'in bu ilgisine, ortada yapılacak hiçbir iş olmadığında bile, ona tamamen "yapışarak" teşekkür etmektedir. Komşusu onunla her gün birkaç saat gevezelik etmek istemektedir.

Katrin komşusuna, bunun kendisi için çok fazla olduğunu ve buna zamanı olmadığını anlatmayı başaramamaktadır. Geçenlerde şunu fark etmiştir: Evden dışarı çıkmadan önce ilk olarak komşusunun da o anda koridorda olup olmadığını görmek için kapı deliğinden bakmakta ve ancak "ortalığın sütliman olduğunu" anladığında dışarı çıkmaya cesaret edebilmektedir. Öte yandan şöyle durumlar da yaşanmaktadır: Dışarı çıkmak üzere koridora çıktığında, apartmanın kapısından gelen seslerin komşusundan geldiğini sandığı için çabucak eve geri dönmektedir. Aslında Katrin'in yapması gereken şey, komşusuna sınırlar çizmek ve onun abartılı taleplerini reddetmektir. Ancak bunu yapmak onun için çok zordur çünkü bu kendi Talepkâr Ebeveyn Moduna karşı gelmektir. İşte bu yüzden Katrin kaçınma yolunu tercih etmektedir.

**Aşırı Telafi.** Aşırı Telafi, kişinin bir eksikliğini abartılı ölçülerde telafi ediyor olması anlamına gelmektedir. Eğer kişi, İncinmiş Çocuk ve Uyum Bozucu Ebeveyn Modlarının mesajlarının tam tersleri doğruymuş gibi davranıyorsa bir başa çıkma biçimi olarak aşırı telafiden söz edilmektedir.

Örneğin kendisini değersiz hisseden birey kendinden emin olduğunu fazlasıyla vurguluyor hatta belki de kibirli bir biçimde davranıyor bile olabilir. Veya örneğin kadınlar tarafından reddedilmekten korkan bir erkek tam bir maço gibi davranıyor olabilir. Aşırı Telafi, çeşitli temel görünümlerle ortaya çıkabilmektedir. Aşırı Telafinin tüm biçimlerinde ortak olarak gözlenen, kişinin aşırı telafi aracılığıyla durumları kontrol ediyor ve onlara hükmediyor oluşudur. Diğer insanların kişiye karşı koyabilme fırsatı pek bulunmaz.

## Vaka Örnekleri

**Örnek 1**

Marina T. çocukluğunda çok fazla bedensel ve cinsel şiddet görmüştür. Eğer birisi kendisininkinden farklı bir fikre sahipmiş gibi görünüyorsa kendini aniden aşırı ölçüde tehdit altında ve tamamıyla çaresiz hissetmektedir. Marina bu durumu fazlasıyla agresif davranışlarla aşırı biçimde telafi etmektedir. Egemenlik kuramayacağını hisseder hissetmez sesini yükseltmekte, karşısındakine bağırmakta, onu kasıtlı biçimde korkutmayı denemekte ve özel ilişkilerinde bazen saldırıya bile geçebilmektedir.

**Örnek 2**

Ufak tefek, kilolu ve pek az çekici bir erkek olan Holger F. şirket sahibi varlıklı bir ailenin oğlu olarak büyümüştür. Ancak şirket geçtiğimiz yıllarda iflasını açıklamak zorunda kalmış ve bu yüzden Holger varlığının büyük kısmını yitirmiştir. Kalbinin derinliklerinde Holger, görünümü ve pek de çekici olmayışı nedeniyle kendisini aile içinde hep değersiz hissetmiştir. Bu duygu mal varlığının kaybıyla birlikte kendisinde daha da güçlü bir duruma gelmektedir. Bu değersizlik deneyimini kendinden emin olmayı vurgulayarak ve bir "maço" gibi görünerek telafi etmektedir. Ancak ona dışarıdan bakan herkeste çabucak oluşan ilk izlenim aslında onun kendisini zayıf hissediyor ve "güçlü bir görünüme" ihtiyaç duyuyor olduğudur.

Burada şunu dikkate almak gerek; olumsuz duygularla başa çıkabiliyor durumda olmamız aslında iyi ve önemlidir! Çünkü böyle yaparak duyguların üstesinden genellikle daha iyi gelebilmekte ve zorlu durumlara dayanabilmekteyiz. Hatta duygusal kaçınma kimi zaman önerilebilen bir şey bile olabilmektedir. Bu, kendi isteklerinizi kabul ettirme şansınızın çok düşük olduğu anlaşmazlık durumları için geçerli olabilir. Siz ortalıkta olmadığınızda çamaşırlarınızın yerini ortak kullanılan çamaşır ipinde tekrar tekrar değiştiren inatçı bir komşunuzla yaşadığınız süregelen bir anlaşmazlık buna örnek olarak verilebilir: Onunla zaten konuşamıyor olduğunuzdan ve onun sizin için kişisel anlamda önemli bir insan olmamasından ötürü, tartışmalardan ve öfke duygularından çamaşırlarınızı kendi balkonunuza asarak, çamaşırlarınızın yerinin değişmesine aldırmayarak ve/veya komşunuzla iletişim kurmaktan uzak durarak kaçınabilirsiniz.

Başa Çıkma Modu ihtiyaçlarınızı, bu modu kullanmadığınız durumdakilerden daha kötü bir biçimde gideriyor olmanıza yol açıyorsa bir soruna dönüşmüş demektir. Örneğin, yalnızca yaşadığınız anlaşmazlıklar nedeniyle inatçı komşunuzla değil son zamanlarda anlaşmazlığa düştüğünüz tüm insanlarla iletişim kurmaktan kaçınıyor olabilirsiniz. Bunu, bu insanlar eşiniz veya iyi arkadaşlarınız gibi sizin için önemli olan kişiler olsalar bile yapıyor olabilirsiniz. Böyle olduğunda kaçınmacı başa çıkma, olumsuz duyguları muhtemelen daha az deneyimlemenizi sağlayacaktır; öte yandan önemli ilişkileriniz uzun vadede zarar görecektir!

Önceki örnekler aracılığıyla, hangi kaçınma mekanizmalarını kullanmaya eğilimli olduğunuzu belki şimdiden hissetmişsinizdir. Bireyde farklı durumlarda farklı başa çıkma mekanizmalarının da ortaya çıkıyor olması tamamıyla normaldir. Örneğin güçlü bir Talepkâr Ebeveyn Moduna sahip ve birçok görevle yüzleşmekte olan birey başlangıçta muhtemelen bu görevlerin tümünü yerine getirmeyi deneyecektir. Ancak bu görevler ona çok fazla geldiğinde kendisini muhtemelen aşırı telafiye kaydıracak ve bu görevlerin hepsini sadece "gelişigüzel" biçimde tamamlayacaktır. Daha yoğun baskı altında ise başarısızlık deneyiminden korunmak için kaçınmayı kullanabilecektir.

Diğer sorunlu örüntüler gibi başa çıkma kalıpları da çeşitli biçimlerde ortaya çıkabilmektedir. Başa çıkma modları normalde zorlu durumlar karşısında "hayatta kalmak" için geliştirilirler. Yani belirli bir başa çıkma stili, kişinin çocukluğunda veya gençliğinde zorluklardan, reddedilmeden veya tehditlerden korunmak için kullandığı en iyi seçenek olmuş olabilir. Ancak yaşamın ileriki dönemlerinde uyum bozucu bir hale dönüşebilir. Öte yandan başa çıkma modları ➛Model Alarak

Öğrenme ile de geliştirilebilirler. Bununla ifade edilen, bireyin çocukluğunda, başka birisinin belirli bir duygu karşısında belirli başa çıkma biçimiyle nasıl tepkiler verdiğini gözlemlemesi durumudur. Örneğin bireyin annesi, tehditkâr bir insan olan babasına sağlıklı sınırlar çizmek yerine sürekli boyun eğmiş olabilir (teslim olma başa çıkma biçimi, ➛Başa Çıkma).

Aslında genellikle bunların bir kombinasyonuyla karşılaşılmaktadır. Örneğin: Bir çocuk kendisini hem babasının tehdidi altında hissetmiş, hem de annesinin teslim olma şeklindeki başa çıkma biçimini gözlemlemiş olabilir. Annesi onu koruyamamış olduğu için kendisini çok daha az güvende hissetmiş olan çocuk annesininki gibi bir teslim olma yoluyla başa çıkma biçimini alışkanlık edinmiş olabilir.

## 4.1 Teslim Olma

Teslim olma başa çıkma biçimini kullanan kişiler, kendi isteklerine uymasa bile özel, cinsel ve diğer ilişkilerde öteki insanların isteklerine göre davranırlar veya Ebeveyn Modlarıyla uyumlu olmak için kendilerini zorlarlar. Çoğunlukla bu insanlar aslında bu davranış tarzıyla hiç de mutlu olmadıklarını hissederler. Bazen, özellikle de aslında istenmeyen bir cinsel temas söz konusu olduğunda, buna karşı koyan stratejiler geliştirirler. O sırada alkol kullanmak buna örnek olabilir. Böylelikle, çaresizlik gibi olumsuz duygular, kişi tarafından çok güçlü hissedilmez olur.

Hayatınızın hangi bölümlerinde Ebeveyn ve Çocuk Modundan kaynaklanan istek ve duygulara aslında isteksiz olmanıza rağmen teslim olduğunuzu, kendi isteklerinizi bastırdığınızı bir düşünün. Objektif olarak bakıldığında aslında bu yaptıklarınızı yapmak zorunda olmadığınızı görürsünüz. Bu durumda, sizi bunları bu şekilde yapmaya iten şey neydi? Kendinizi ve kendi isteklerinizi daha iyi belirleyip, sınırları koymaktan niçin korkuyorsunuz? Bunun nereden kaynaklandığını, hayatınıza nereden geldiğini ve nasıl geliştiğini biliyor musunuz?

Zorlukları alt etmek için teslim olma modu için ekte bulunan Çalışma Sayfalarını kendi hayatınızdan örneklerle doldurabilirsiniz. Böylelikle bu teslimiyetin avantaj ve dezavantajlarını ve olası davranış alternatiflerini daha iyi tanıyabilir ve kavrayabilirsiniz.

Bu teslimiyetçi duyguyla birlikte zaman zaman, klinik psikoloji ve psikoterapide bağımlılık olarak tanımlanan bir örüntüye de rastlanır. İnsanlar belirgin şekilde başka bir insana bağımlı olurlarsa kendi hayatları için az sorumluluk almış olurlar. Karar vermek veya kendilerini güvende hissetmek için başkalarına ihtiyaç duyarlar. Bu durumda böyle bir örüntü söz konusudur. Bu, her zaman güçlü teslimiyet duygusu içeren davranışla birlikte oluştuğu için kitabımızın bu bölümünde bu konuyu da ele alıyoruz.

**Çalışma Kağıdı** | Zorlukları alt etmek için teslim olma (S. 1/2)

**Zorluklarla baş etmek için teslimiyetçiliğe 1. örnek**

*Yöneticim metinleri daha özenli düzenlemem gerektiğini ima ediyor.*
➟ Talepkâr Ebeveyn Modu harekete geçer.
Alt etmek: *Tüm metinleri bir kez daha tam olarak gözden geçirmek için akşam saat 21.00'e kadar büroda kalırım.*

**Bu davranışın kökeni**
*Babam eleştiri aldığı durumlarda başkalarını mutlu etmek için elinden gelen her şeyi yapıyordu. Bana okulda haksızlık yapıldığını düşündüğümde, babam bana okul için daha fazla çalışmam gerektiğini söyler ve öğretmenlere karşı beni hiç korumazdı.*

**Alt etme davranışımın sonuçları**
☺= Pozitif ☹= Negatif

☹ *Büroda daha uzun saatler çalışıyorum.*

☺ *Yöneticim çıkarttığım işten çok memnun.*

☹ *Bu hareketimle iş arkadaşlarımı da daha uzun saatler çalışmak konusunda baskı altına sokuyorum.*

☹ *Eşim ve ben bu nedenle kavga ediyoruz.*

☹ *Yöneticim benden sürekli daha fazla şey istiyor.*

**Başka insanlar aynı durumda nasıl davranıyor?**
*Başka birisi belki öncelikle yöneticinin eleştirisinin haklı olup olmadığını kendisine sorardı. Sonrasında ne kadar ek mesainin gerçekçi şekilde yapılabileceğini hesaplardı.*

**Çalışma Kağıdı** | Zorlukları alt etmek için teslim olma (S. 2/2)

**Zorluklarla baş etmek için teslimiyetçiliğe 2. örnek**

*Eşim ev işinde kendine düşen payı yapmaktan kaçınıyor*
➟ *Alt etmek: Neredeyse tüm ev işlerini tek başıma hallederim. Kendimi onun çok fazla çalışmak zorunda olduğuna, bu yüzden bana yardım edemediğine inandırır ve kendimi bu şekilde kandırırım.*

**Bu davranışın kökeni**
*Evimizde tüm işi annem yapardı. Babamın yemek yapamaması çok doğal karşılanırdı. Bununla birlikte annem "sadece" bir ev kadınıydı.*

**Alt etme davranışımın sonuçları**

☺ *Eşimle çatışma yaşamıyorum.*

☺ *Ev işi tam benim istediğim şekilde yapılıyor.*

☹ *Artık kendime ayırabildiğim zaman yok / Devamlı olarak stresliyim.*

☹ *Kendimi kullanılmış hissediyorum.*

**Başka insanlar aynı durumda nasıl davranıyor?**
*En iyi kız arkadaşımın da eşiyle aynı sorunu var. Arkadaşım eşini bu sorunla yüzleştirdi. Bunun üzerine ikisi kimin hangi ev işini yapacağı konusunda bir plan yaptılar.*

## Bağımlılık

Bağımlılık ruhsal açıdan başka insanlara bağımlı olma fenomenidir. Başka kişilerle bağımlı ilişki içinde bulunan insanlar çok teslimiyetçi olur ve kendi isteklerini bastırırlar. Hatta aşırı durumlarda, neredeyse tek başlarına kendileri hiç karar alamaz, karar almayı başkasına bırakırlar. Yalnız yaşayamayacakları hissisine sahip olmaları tipik özellikleridir - bunun için kendilerine hiç uymayan, hiç istemeyecekleri şeylere onay verirler.

Bağımlılık sıklıkla kendini eş ilişkilerinde gösterir. Bağımlılığa yatkın olan insanların eşlerini kendileri için karar verebilecek, kendilerine yardımcı olabilecek kişiler arasından seçmelerine sıklıkla rastlanır. (Örnek olarak hekimler, psikoterapistler, din adamları) Veya bu bağımlılığı başka özel ilişkilerinde akrabalarına yönlendirdiklerini de görürüz. (Abla, kız kardeş) Bağımlılık için aşağıdaki özellikler tipiktir. (Fydrich ve ark., 1997)

- Bu kişiler günlük yaşamlarıyla ilgili kararları almadan önce sıklıkla başkalarının tavsiye veya onayına ihtiyaç duyarlar.
- Para, çocuk yetiştirme veya günlük yaşamın planlanması gibi hayatın önemli bölümlerinin organizasyonunda başka insanlara bağımlıdırlar.
- Karşı tarafın haksız olduğunu düşünseler bile itiraz etmek onlar için çok güçtür.
- Kendilerinden başka kimse yapmıyorsa, bir işe başlamak veya bir iş üzerinde çalışmak onlar için çok zordur.
- Başkalarının yaşamlarını sürdürmesi ve işlerinin yolunda gitmesi için sıklıkla hoş olmayan işleri gönüllü olarak üstlenirler.
- Yalnızken genellikle kendilerini iyi hissetmezler.
- Yakın ilişkileri sona erdiğinde derhal güvenebilecekleri yeni bir insana ihtiyaç duyarlar.
- Terk edilme, yalnız kalma ve kendileriyle ilgilenecek kimse olmaması konularını sıklıkla düşünürler.

Bu tür bir davranış şekli ilk bakışta ağırlıklı olarak dezavantajlara ve ağır bedellere sahiptir. Çünkü bu kişilerin istek ve taleplerinin gerçekleşmesi çok zorlaşmıştır. Bununla birlikte bağımlı davranışın avantajı da vardır. Kişiler böylelikle karar vermekten kaçındıkları için sorumluluktan da kaçınmış olurlar. Böylelikle bir karar beklenmedik şekilde olumsuz sonuçlandığında veya bu karar başkaları için hoş değilse, bu insanların bu işte bir "suç"u yoktur. Bir kişi hiçbir şey için, hiçbir şekilde sorumlu değilse, eleştiriden kaçınabilir!

Öte yandan bağımlı davranışlar gösterenler, başka insanları kendilerine bağlayabilirler. Zira bu insanların sadakati ve teslimiyetçiliği başkalarında, "beni asla terk edemez çünkü terk etmesi halinde hayatla çaresiz şekilde karşı karşıya kalır" hissini uyandırır. Başka ihtiyaçlarının çoğu karşılanmasa bile, bağlılık ve aidiyet ihtiyacı karşılanmış olur.

Kuşkusuz ki, başka bir insanı bağımlılık davranışıyla bir ilişkiye bağlama modeli genelde uzun vadeli olarak çok başarılı değildir. Eğer ilişkide sorunlar varsa, bu sorunlarına rağmen bağımlılığa dayalı davranış sayesinde ilişkinin bir süre sürdürülmesi mümkündür. Ancak pek çok şeyin sorumluluğu tek taraflı olarak eşlerden birindeyse bireylerin ihtiyaçları ve sınırları açık şekilde belirtilmiyorsa bu, bir ilişki için uzun vadede işlevsel değildir.

Eğer bağımlı ilişki örüntüsüne yatkınlığınız varsa bunu kendinize itiraf etmek ve durumu tarafsız olarak değerlendirmek büyük bir olasılıkla çok nahoş ve zordur. Bununla birlikte durumu değiştirmek istiyorsanız bu bağımlı davranışa gerçekçi şekilde bakmanız çok önemlidir. Durumu biraz olsun değiştirmek sizin için yararlı olacaktır çünkü böylelikle yaşamınızı tanımladığınız oyun alanı çok daha genişleyecektir. Diğer yandan bu değişiklikler sizin için bazen zorlu ve uzun süreli olabilir. Neyi isteyip istemediğinizi gerçekten bilmeniz gerekir!

### *Kendimde zorluklarla baş etmek için teslim olma örüntüsünün olduğunu nasıl anlarım?*

Aşağıdaki sorular teslimiyetçiliğinizin ölçüsü hakkında bir izlenim kazanmanıza yardımcı olacaktır.

- Başkalarını mutlu etmek ve tatmin etmek için; anlaşmazlık, tartışma ve reddedilmekten kaçınmak için elimden gelenin en iyisini yapıyorum.
- Beni sevsin ve takdir etsinler diye bağımlı olduğum insanlara göre kendimi değiştiririm.

- Başkalarının beni eleştirmesine ve aşağılamasına izin veririm.
- Kendi ihtiyaçlarımı ifade etmek yerine başkalarının isteklerine izin veririm.

Eğer kendinizi düzenli şekilde ve aslında yapmak istemediğiniz şeyleri yaparken buluyorsanız, teslimiyetçiliğinizi fark edebilirsiniz. Vergi bildirimi hazırlamak çok büyük olasılıkla kimsenin sevmediği bir iştir. Bununla birlikte bu iş bizim kastettiğimiz anlamda bir teslimiyetçilik değil, istenmeden de olsa yapılan ve ne yazık ki yapılması gereken bir ödevin yerine getirilmesidir. Ancak siz aşk ilişkilerinizde, derneklerde, çocuk yuvalarında vs. tek yanlı olarak aslında birden fazla kişiye ait olması gereken görevleri üstleniyorsanız ve bu tür işler dönüp dolaşıp size geliyorsa işte o zaman sözkonusu örnekte teslimiyetçiliğin bir rol oynayıp oynamadığını düşünmelisiniz. Bunu düşünürken lütfen insanların çoğunun yaptıkları işleri ve yapılan işlerdeki katkılarını abarttıklarını da gözönünde bulundurun. (➤Sosyal İlişkilerde Denge)

Düzenli olarak kendinizi istemediğiniz cinsel ilişkiler içinde buluyorsanız veya eşiniz ile aslında doğada yürüyüş yapmak isterken, sadece sinemaya gidiyorsanız işte burada teslimiyetçilik söz konusu olabilir. Bunu saptamak için bazı işleri üstlenmediğinizi, eşinizin isteklerini daha az kabul ettiğinizi ve bunun yerine şahsi isteklerinizi daha fazla ifade ettiğinizde kendinizi nasıl hissediyor olabileceğinizi düşünün. Daha az sorumluluk alıp, kendi isteklerinizi daha fazla ifade ettiğinizi hayal ederken kuvvetli bir korku (İncinmiş Çocuk Modu!) veya yoğun bir vicdan azabı (Uyum Bozucu Ebeveyn Modu!) hissederseniz bu teslimiyetçiliğe işaret eder.

Bu durum gerçekçi bir bakışla incelendiğinde, olumsuz duygular veya vicdan azabı hissetmenin uygun olmadığı ve abartılı olduğunun görülmesi önemlidir. Gerçekçi bir gözden geçirme yapabilmek için şöyle düşünebilirseniz; bir erkek veya kız arkadaşınız aynı şekilde teslimiyetçi davransaydı siz bu durumda ona neyi yapmamasını tavsiye ederdiniz? Kendinizi ele alırken olumsuz duygularla tepki veriyorsanız ama aynı duruma arkadaşınızı koyarken "tabii ki arkadaşım reddedebilirdi" diye düşünüyorsanız bu da yeniden teslimiyetçiliğe işaret eder. Çünkü başkalarını, özellikle de sevdiklerimizi değerlendirirken uyum bozucu ebeveyn ve incinmiş çocuk modları çok daha az veya hemen hemen hiç etki göstermez. Bu modlar her zaman için en büyük etkiyi kişinin kendisi söz konusu olduğunda gösterir.

## Vaka Örnekleri

### Teslimiyetçilik mi değil mi?

**Örnek 1**

Elke H. üç çocuğu olan, yarım gün çalışan bir kadındır. Erkek arkadaşı tüm gün, hatta akşamları ve haftasonları da sıklıkla çalışmaktadır. Elke yapılması gereken işler arasında mekik dokuduğunu ve her şeyle kendisinin ilgilenmesi gerektiğini hissetmektedir. Çocuklar ya hastadır ya ödevleri için yardıma ihtiyaçları vardır. Onları devamlı spora götürmek gerekmektedir, vs. Elke kendisine yardımcı bir kadın tutmuştur. Bu yardımcı haftada iki kez temizlik yapıp, evi düzenlemektedir. Bununla birlikte yapılması gereken işlerin sayısı yine de azalmamaktadır.

Zorlukları alt etmek için teslimiyetçi olma örüntüsü burada var mı? Büyük olasılıkla yoktur! Elke'nin kendine bir yardımcı tutmuş olması gerçeği bazı işleri başkasına verebildiğini ve her şey için kendisini sorumlu hissetmediğini gösterir. Ayrıca üç çocuk ve çalışma dünyası zaten ağır bir yüktür. Halledilmesi gereken işlerin listesinin uzun olması ne yazık ki normaldir. Bunu görmek için çalışan ve birden fazla çocuğu olan başka anneleri düşünmek yeterlidir...

**Örnek 2**

Katja M. yarım gün çalışmaktadır ve 11 yaşına gelmiş bir çocuğu vardır. Tüm çalışan anneler gibi onun da halletmesi gereken çok iş vardır. Ancak bir şekilde tüm ek görevleri sanki kendine doğru çektiği göze çarpmaktadır. Anaokulu ve ilkokul aile birliklerinde görev almıştır. Şimdi de aslında ➤

kesinlikle yapmama konusunda karar vermiş olmasına ve bu işi hiç sevmemesine rağmen lisede aynı işi yapmaya ikna olmuştur! Toplantıda iki dakika içinde hiçbir aday çıkmamış ve tanıdığı biri kendisine bakarak onu önermiştir. Katja baskı, yükselen sorumluluk ve suçluluk duygularına dayanamayarak görevi kabul etmiştir. Katja annesine de ev işlerinde yardım etmekte ve annesinin alışverişlerini yapmaktadır. Ancak Katja'nın çocuk sahibi olmayan ilkokul öğretmeni kız kardeşi, annelerine daha yakın yaşamaktadır ve Katja'ya göre daha fazla boş vakti bulunmaktadır. Bu durum Katja'yı sıklıkla kızdırmaktadır ama hiçbir zaman bu konudan annesine söz etmemiştir.

Katja teslimiyetçiliğe yatkınlık göstermekte midir? Büyük olasılıkla evet! İstemediği halde başka insanlarla karşılaştırıldığında kesinlikle daha fazla görev ve sorumluluk üstlenmektedir. Sınırları daha iyi koyamamasının nedeni, başkalarında aynı durumlarda ortaya çıkmayan suçluluk ve sorumluluk duygularıdır.

**Örnek 3**

Nadine P.'nin kendisine çocukken ağır şiddet uygulayan, alkolik bir babası vardır. Nadine P'nin şimdiki erkek arkadaşı aynı şekilde alkolik ve şiddet uygulayan bir adamdır. Pek çok kez adam yaralama suçundan cezaevinde yatmıştır. Eşinin kendisinden bir şey istemesi halinde Nadine derhal harekete geçer. Aksi durumda kendisine şiddet uygulanacağından korktuğundan, pek çok kez istememesine rağmen onunla cinsel ilişkiye girmeye boyun eğer.

Nadine teslimiyetçiliğe yatkınlık göstermekte midir? Kesinlikle! Bununla birlikte Nadine'in bu ilişkide çok tehlikeli bir durum yaşadığını da gözönünde bulundurmalıyız. Durumu değiştirmek için eşe kendi isteklerini söylemek çok büyük olasılıkla uygun bir yol olmazdı (çok tehlikeli!). Eş, belki de daha fazla şiddet uygulayarak tepki gösterirdi! Bunun yerine Nadine eğer içinde bulunduğu durumu gerçekten değiştirmek istiyorsa kendini korumalı ve örneğin ilk adım olarak bir kadın sığınma evine başvurmalıdır.

***Başkalarında teslimiyetçilik olduğunu nasıl anlarım?***

Yakın ilişkilerde teslimiyetçilik kendini şöyle gösterir: Sanki eş, diğerinin isteklerini adeta gözlerinden okuyor gibidir. Bu, kısa vadede çoğu zaman tabii ki çok hoş bir durumdur. Ancak eğer eş fazla teslimiyetçi ise bu diğer taraf için de uzun vadede belirli oranda rahatsızlık verici olabilir. Bir insan büyük olasılıkla başka birinin aşırı teslimiyetçi şekilde hizmet etmesini değil, ne istediğini kendisi anlamak isteyecektir. Diğeri her zaman karşısındakinin ne istediğine odaklandığı için bu, çok zor olabilir. Bir kimse içinde bulunduğu ilişkiler dışında, başka insanların ilişkilerindeki teslimiyetçi davranışı incelediğinde "bu davranışı gösteren kişi karşı taraf ne istiyorsa yapıyor" izlenimine sahip olur. Hatta neredeyse sinirlenerek tepki gösterebilir ve kendisine şu soruları sorabilir: "Niçin her şeyi yapmayı kabul ediyor, niye kendisine yapılan her şeyi kabul ediyor, bunun hiç gereği yok ki?" Ama daha sonra bu kişinin öyküsü hakkında daha fazla şey öğrenirse bazen yukarıdaki sorular daha kolay yanıtlanabilir.

Teslimiyetçiliğe güçlü şekilde yatkınlığı olanlar sıklıkla kendilerindeki bu durumdan hoşlanan insanlarla ilişkiye girerler. Ayrıca hoş olmayan tüm işleri isteyerek halleden bir insanla birlikte olmaya çevre de kolayca alışır.

Uzun zaman boyunca çevredekiler kişinin bu davranış şekline alışmışlarsa ve bu kişi teslimiyetçilik davranışını azaltmaya kalkışırsa çevre buna rahatsız olarak tepki verir. Bu durum; eleştirilme, reddedilme ve kabul edilmeme korkularının doğrulandığına işaret eder! Eğer teslimiyetçilik azaltılmaya karar verilirse, bu kısır döngünün (çevrenin beklentilerinin artması başka bir teslimiyetçilik) kırılması gerektiğinin kişi için açık olması önemlidir.

## 4.2 Kaçınma

Asıl amacı zorluklardan kaçmak olan başa çıkma biçimi kaçınma olarak tanımlanır. "Zorluklar" performans beklentisi, uyuşmazlıklar, belirli insanlarla iletişim kurmak veya genel olarak sosyal bağlantılar veya hatta insanın kendisi hakkındaki olumsuz duygu ve düşünceleri gibi pek çok şeyi içerebilir.

İnsanların kaçırmak için gösterdikleri davranış örüntülerinin geniş bir aralığı vardır. Kaçınma kısaca belirli şeylerin yapılmadığı, bazı durumların bilerek yaşanmadığı, zor konuların sözünün bile edilmediği vs. durumlar olarak tanımlanabilir. Oyalayıcı aktivitelerle aşırı meşguliyet de kaçınmaya işaret edebilir. Bir kişinin başka işlerle uğraşmak zorunda olmasına rağmen televizyon, bilgisayar oyunları veya internetle ilgilenmesi buna örnek olabilir. Bazen de kaçınmaya hizmet eden aktiviteler, örneğin pornografik içerik tüketilmesi, fazla uyarıcı olabilir. Ayrıca ilaç ve uyuşturucuların tüketimi, özellikle alkol, kenevir veya benzodiazepin gibi sakinleştiriciler (Örneğin; Valium, Diazepam, Tavor) duygulardan kaçınmaya hizmet edebilir. Bazı kişiler, büyük acıları göze çarpmasa bile akla gelebilecek her şey hakkında küfretmek ve şikayetçi olmaya yatkındırlar – süregelen yakınmalara alışmış gibi görünürler ve bunu yaparken de fazla bir şey hissetmezler. Aynı şekilde böyle davranış biçimleri de bazen kaçınma olarak ele alınabilir. Aşağıdaki kutuda, genellikle kaçınmayla ilgili olan davranış örüntülerine örnekler bulabilirsiniz.

**Tipik kaçınma davranışları**

**Kısa tanım.** Belirli durumların içine girmeme, görevlerin yerine getirilmemesi.

**Oyalanma.** Bilgisayar oyunları, internet, film izleme, yüksek sesli müzik dinleme, çok fazla çalışma, çok fazla spor yapma.

**Kendi kendini uyarma.** Yemek yemek, pornografik içerik tüketimi, şans oyunları, tehlikeli spor faaliyetleri, diğer heyecan verici aktiviteler.

**Algıların kısıtlanması.** Alkol ve uyuşturucu yoluyla hoş olmayan duygulardan kaçınmak.

**Mızmızlanmak ve şikayet etmek.** Akla gelebilecek her şey hakkında aynı şekilde mızmızlanmak, şikayet etmek, dırdır etmek, surat asmak. Burada önemli olan dırdır eden insanın aslında acı çeken veya sinirli durumda olmaması, aksine bir alışkanlık olarak yakınmasıdır.

**Kendinden hiçbir beklentisi olmamak.** Ulaşamama korkusuyla kendisine hiç bir hedef koymamak veya bir şeyi denemek zorunda kalmamak için doğrudan yapamayacağını söylemek de kaçınmanın bir şekli olabilir.

## Vaka Örnekleri

### Örnek 1

Okuldayken kısa ve şişman görüntüsü nedeniyle dışlanan İşletme Fakültesi öğrencisi Dirk B.'nin kuvvetli sosyal korkuları vardır. Üniversite eğitimi sırasında da yaşadığı bazı durumlar ona okuldaki anılarını hatırlattığı için zor gelmektektedir. Fazla kilosunu atmış olmasına ve artık orta boylu olmasına rağmen aşağılık kompleksinden kurtulamamaktadır.

Dirk kaçınmaya yatkındır. Sınav korkusu nedeniyle sürekli olarak başvurduğu sınavlardan geri çekilmekte ve sınavlara girmemektedir. Derslerde her zaman sıranın en köşesine oturmakta ve okul arkadaşlarıyla iletişimden kaçınmak ve onlarla sohbet etmemek için ders biter bitmez sınıftan ayrılmaktadır. Herhangi bir parti veya kutlamaya davet edildiğinde her zaman geleceğini söyleyip, gitmemektedir. Bunun yerine akşamlarını genelde televizyon izleyerek ve internet oyunları oynayarak geçirmektedir.

### Örnek 2

Maria P. insanlardan çok korkmaktadır. Alkolik olan babası onu ve annesini düzenli olarak dövmüştür. Bu sebeple tarafsız bakıldığında bir neden bulunmamasına rağmen, diğer insanları kendisine tehdit olarak görmektedir. Bir oyuncakçı dükkanında çalışmaktadır. Müşteriler bazen talepkâr olabilmektedir. Bu da Maria'yı sıklıkla baskı altına sokmakta ve o da bu baskıya dayanamayacağını hissetmektedir. Daha birkaç yıl önce alkolün korkularını büyük ölçüde yatıştırdığını fark etmiştir ve elinin altında çoğunlukla en azından ufak bir şişe şarap bulundurmaktadır. Öğleden önce içtiği yaklaşık çeyrek litre ile duygusal yükünü yok etmektedir. Babası gibi kendisinin de alkol sorunu olduğunu sanmakta ancak genellikle bunu başarılı şekilde bastırmaktadır.

**Örnek 3**

14 yaşındaki Leonie S. mutsuz olduğunda yemek yemektedir. Aşk acısı veya okulda stres yaşadığında bir paket çikolata ve bir paket şekerlemeyi hemen tüketmektedir. Leonie bunun iyi bir şey olmadığını bilmektedir. Bununla birlikte eli otomatik olarak bu tür tatlılara gitmektedir. Bu sayede bir şekilde kendini daha iyi hissetmekte veya en azından bir şeyler yediği sürece olumsuz duyguları kuvvetli şekilde hissetmemektedir.

### *Kendimde kaçınma olduğunu nasıl anlarım?*

Kaçınma konusunda da bu örüntünün sizde hangi oranda bulunduğunu görebilmeniz için birkaç soru sorulabilir:

- Kendimi kopuk hissediyorum (kendimle, duygularımla veya başka insanlarla iletişim içinde olmamak).
- Kendimi başka insanlara açmak istemiyorum.
- Hoş olmayan şeyler üzerinde düşünmek zorunda kalmamak için çok çalışıyorum veya yoğun şekilde spor yapıyorum.
- Severek heyecanlı veya yatıştırıcı şeyler yapıyorum ki, böylelikle duygularımdan kaçınabileyim. (Örneğin: Yemek, seks, gezmek, televizyon, alışverişe gitmek).

Kaçınma davranış şekillerini itiraf edebilmek için, kişinin kendi davranış örüntülerini eleştirel şekilde incelemesi gerekir. Çünkü (aslında) insan bilir ve görür ki; devamlı bilgisayar oyunu oynamak, yemek, kaçınmak vs. hayatta ilerlemek için yardımcı değildir

Bununla birlikte kaçınmayı tanımlamak oldukça kolaydır. Öncelikle sizin için iyi ve gerekli olan şeyleri yapmıyorsanız kaçınmadan söz edilebilir. Kişinin bazı önemli olacak işleri yapmadan bırakması, bunun yerine önemli olmayan şeylerle uğraşması, oyalanması gibi durumlarda da kaçınmanın payı olabilir. Eğer çok fazla yemek, insanlarla birlikte çok fazla içmek vs. gibi aslında hoşlanmadığınız tipik davranış şekilleriniz varsa, bunun nedeninin kaçınma olabileceği ihtimalini düşünün ve sınayın. Alkolü kendinizi korkmuş ve güvensiz hissederken kullanıyor olabilir misiniz? Hayatınızdan memnun değilken veya kendinizi boş hissederken veya ne yapacağınızı bilmezken devamlı yemek yiyor olabilir misiniz? Yemek yemek yatıştırıcı, teselli edici ve sizi olumsuz duygulara karşı oyalayıcı mı? Bu, kaçınma örüntüsüne bir işaret olabilir. Ekte bulunan "Zorlukları Alt Etmek için Kaçınma" çalışma kağıtlarını kullanabilir, bu sayede bu rahatsız edici davranış örüntüsünü kullanmadığınızda kendinizi nasıl hissedeceğinizi orada yer alan örneklere bakarak görebilirsiniz.

### *Başkalarında kaçınma olduğunu nasıl anlarım?*

Başka insanlarda zorlukları alt etmek için kaçınmadan yararlanılıyorsa, bu sıklıkla kolay anlaşılır. Şu tür örnekler size tanıdık geliyor mu? Herhangi biri düzenli şekilde zor olabilecek işlerden kaçıyor, daha önce katılacağını söylediği etkinliklere katılmamayı alışkanlık haline getiriyor, belirli görev ve görüşmelere katılmamak için düzenli olarak geç kalıyor, üniversite sınavlarına katılmıyor ve eğitimlerini çok uzatıyorsa, tüm bu sorunlu örüntülerde kaçınma sıklıkla önemli bir rol oynamaktadır.

Herhangi birini iyi tanıyorsanız, o kişinin kaçınma örüntülerinin yapısı hakkında da daha iyi bir bakışa sahip olabilirsiniz. Örneğin, bu kez de partiye gelmeyen arkadaşınızın bilgisayarın önünde zamanı "unutmuş olması" mümkündür. Veya partiye katılır katılmaz içki içmeye başlayan arkadaşınızın, bir korkusuyla mücadele etmek için içtiğini bilirsiniz.

Son haftalarda çevrenizdeki insanlarda hangi kaçınma örüntülerinin dikkatinizi çektiğini düşünün. Bunun için yukarıda bahsedilen tipik kaçınma davranışı örneklerinden yararlanın. Kaçınmanın her yerde ve her zaman bulunduğunu görüp, şaşıracaksınız!

**Etkileşimden Kaçınma.** Diğer modlarda olduğu gibi kaçınma davranışının da kısır döngüler üzerinde payı vardır. Bu kısır döngüler, ilgili insanlar için uzun vadede çok zararlıdırlar. Kaçınma davranışı düzenli olarak gösterilirse, buna maruz kalan diğer kişileri sinirlendirebilir. Öte yandan kaçınma sıklıkla iş veya özel hayatla ilgili hedeflere yeterince ulaşılmamasına da hizmet edebilir. Ayrıca fazlasıyla kaçınan kişilerin, kaçınmayanlara göre mutlu bir yaşam sürmeleri daha zordur.

Kaçınmanın asıl nedenleri genellikle reddedilme, tehdit veya eksik aidiyet duygularıdır. İnsanların uzun yıllar boyunca kaçınma davranış biçimini kullanması, onların artık iyi arkadaşlar veya duygusal ilişkilere sahip olamamaları ile sonuçlanır. Onlara daha az sayıda insan değer vermeye başlar. Bu da demektir ki; olumsuz duyguları alt etmek için kullanılan örüntü sonunda olumsuz duyguları güçlendirir!

### Vaka Örneği

Yukarıdaki örnekte sözünü ettiğimiz Dirk B. üniversitenin 3. sömestrine devam etmektedir. İnsanlarla iletişim kurmaktan kaçındığı için eğitiminin başında diğer üniversite öğrencilerine göre daha az insanla tanışmıştır. Artık herkesin birbirini tanıdığını fakat kendisinin grubun bir parçası olmadığını hissetmektedir. Bu da kendisini çok kötü hissetmesine yol açmakta ve giderek daha fazla kaçınmaktadır.

Aynı şey sınavlar, ödevler, testler için de geçerlidir. Diğer öğrenciler ödev ve sınavlarını aşağı yukarı vaktinde teslim edebilmektedirler. Onda ise halledilmesi gereken ödev ve sınavlar dağ gibi birikmiştir. Bu nedenle bir taraftan altından kalkamayacağını hissetmekte, diğer yandan okul arkadaşlarına karşı kendini aşağı görmektedir. Bu sorun da onun kaçınmasını daha da arttırmaktadır. Devamlı düşüncelere dalmakta, son zamanlarda uyku kalitesi giderek daha da bozulmaktadır, ki bunlar depresyonun ilk belirtileridir.

## 4.3 Aşırı Telafi

Aşırı Telafi, insanların ebeveyn ve çocuk modlarında hissedilen duyguların tam tersini hisseder gibi ve verilen mesajlarının tam tersini yaparcasına davranmalarıdır. Bu, örneğin, insanının esasında kendini çok güvensiz hissetmesine rağmen dışarıya karşı kendine çok güvenli veya kendinden çok emin ve baskın görünmesidir. Çünkü kişi bu sayede başkalarının kendisine baskın olması ve kendi çaresizlik hisleri ile mücadele edebilmektedir. Burada "fobi karşıtı" davranıştan da bahsedilir. Bu, insanın kendisini tam da güç ve zorlayıcı bulduğu davranış şekilleri, durumları içine sokmasıdır.

Aşırı Telafi başka insanlar tarafından genellikle baskınlık, bazen agresiflik, kontrol edicicilik veya böbürlenmecilik şekilde hissedilir. Aşağıdaki kutuda birkaç tipik örüntü göreceksiniz. Bu örüntüler Aşırı Telafi biçimi olarak karşımıza çıkabilirler.

### Aşırı Telafinin sıklıkla görülen şekilleri

**Narsist şekilde kendini beğenmek.** Burada belirtilen, kişinin kendini dışarıya karşı muhteşem gösterip, değerini yükseltmesi, başkalarını alçaltması ve davranışının, ifade şeklinin tüm diğer insanlardan daha akıllı, daha başarılı veya başka şekillerde daha iyi olduğunu yansıtmasıdır. Bu başka insanlar tarafından gösterişçi ve kibirli bir davranış olarak görülür.

**Paranoid kontrol.** Sorunlarla başetmek için paranoyak kontrolcü davranış gösteren insanlar başkalarına karşı güvensizdirler. Başkalarının çıkar sağlayacağını veya onlar tarafından saldırıya uğrayacaklarını düşünerek her zaman kendilerini korurlar. Mücadele yöntemi olarak başka insanlara sitemde bulunur, kontrol ederler. Sürekli olarak kendilerine karşı komplo kurulduğundan yakınırlar.

**Zorunlu kontrol.** Kendinden emin olmayanlar başkalarına ne yapacaklarını dikte ederler ve söylediklerinin tam olarak yapılıp yapılmadığını kontrol ederler. Dışarıdan inatçı ve dik başlı olarak görünürler.

**Dikkat toplamak isteyen davranış.** Bu davranış özellikle kadınlara hastır. Geçmişte "isterik" olarak adlandırılmıştır. Kendilerini sahneler, oynar, kendilerini devamlı olarak hayatın merkezine koyar ve ilgi görmemeye dayanamazlar.

**Agresiflik.** Aşırı Telafi kendini agresif davranış şeklinde de gösterebilir. Özellikle de başka insanların kendilerini tehdit ettiğini düşünenler ve kendi bedenlerinde tehlike ve şiddeti deneyimlemiş olanlarda görülür. Bu kişiler başkalarını korkutmak ve kontrol altına almak için tipik olarak hesaplı ve amaçlı şekilde şiddet veya sözlü korkutma kullanılırlar.

**Sahtekârlık veya hilekârlık.** Çok güvensiz bir çevrede büyüyenlerin çoğu kendi isteklerini gerçekleştirmek ve ihtiyaçlarını gidermek için amaçlı bir şekilde yalan söyler ve başkalarını manipüle eder.

## Vaka Örnekleri

**Örnek 1 Narsizm**

Markus L. Psikoterapi bölümü şefidir. Ekibindeki çalışma arkadaşları sıklıkla onun tarafından stres altına sokulmaktadır. Çünkü çalışanlarını tüm ekibin önünde aşağılayıcı şekilde eleştirmektedir. Ayrıca kendi muhteşem bilgi ve yeteneklerinden emindir: Hemen hemen hiç tanımadığı hastaların tedavileri en iyi şekilde tamamlanmazsa abartılı jestlerle talimatlar verir ki; bu talimatlar hastaları tanıyan terapistlerin kulaklarına sıklıkla çok saçma gelmektedir. Ayrıca Markus L.'nin dediklerine karşı çıkmak mümkün değildir çünkü genellikle eleştirilere yukarıda da bahsettiğimiz şekilde aşağılayıcı biçimde yanıt verir. Arkasından ekibi kendisi için "Tanrı" diye konuşmaktadır.

**Örnek 2: Zorunlu kontrol**

Regina P. üniversitede yedinci sömestrini okumaktadır ve okul arkadaşlarıyla beraber sunacakları ödevler hazırlamak zorundadır. Bu da ortak çalışma gerektirmektedir. Bu ortak çalışma ise onu çok strese sokmakta ve zorlayıcı olmaktadır. Bütün görevleri üstüne almaya çalışmaktadır. Okul arkadaşlarının üstlendiği görevler hakkında çok katı ve dar görüşleri vardır. Örneğin yazı yazarken kenarda bırakılan boşluk ile kendi doğru bulduğu arasında fark varsa veya ödevlerde kullanılan tablolar sayfanın ➤

ortasına formatlanmadıysa buna dayanamamaktadır. Ödevleri bitirmek için üniversite arkadaşlarıyla yaptıkları toplantılarda çok fazla konuşmakta ve asla sözünün kesilmesine izin vermemektedir. Bir okul arkadaşı şakayla da olsa onu sakin olmaya, ciddiye almamaya çağırırsa, her şey daha da kötü olmaktadır. O zaman daha da hızlı konuşmakta, kendi önerilerine getirilen seçenekleri dinlemeye daha da az gönüllü olmaktadır. Sonuçta ödevleri neredeyse yalnız başına yapıp, okul arkadaşlarının sempatisini kaybetmektedir.

**Örnek 3: Agresiflik**

Caroline S. çocukluğunda çok kötü şekilde dövülmüş ve cinsel tacize uğramıştır. Gençliğinde de kötü gidişat devam etmiş; uyuşturucu kullanmış, belirli bir süre sokakta yaşamış ve fahişelik yapmıştır. Çok "çetin" bir kadındır. Hemen sesini yükseltip, agresifleşmekte ve böylece kendi isteklerini gerçekleştirmektedir. Ancak herhangi birisi eleştirel bir soru sorar veya kendisi ya da arkadaşları ile ilgili eleştiri olabilecek bir yorumda bulunursa anında saldırıya geçmektedir. Yüksek sesle kızar, bağırır veya sitemde bulunur. Karşı taraf soru veya yorumunu geri almazsa onu dövebileceğini hissettirir.

### *Kendimde Aşırı Telaficilik olduğunu nasıl anlarım?*

Aşağıdaki sorular aşırı telafinin farklı görünümlerini sunar:

- İlginin odağı olmak için bir şeyler yaparım.
- Başkaları onlardan beklediğimi yapmazsa sinirlenirim.
- Benim için "bir numara" olmak önemlidir (Örneğin: En sevilen, en başarılı, en zengin, en güçlü).
- Başkalarına benimle şaka olmayacağını gösterir, saygı talep ederim.

Kişinin kendinde Aşırı Telafiyi fark etmesi çoğunlukla hiç kolay değildir. Neredeyse bu kitapta bahsedilen tüm diğer modların aksine –Sağlıklı Yetişkin ve Mutlu Çocuk dışında– aşırı telaficilikte genellikle kişi kendini kötü hissetmez. Tam tersine bazen kendini çok iyi hisseder. Diğerlerinden daha akıllı olduğunu veya "sanki" bir durumu tamamen kontrol ettiğini hisseder. Aşırı Telafici mod bu anlamda görevini yerine getirmektedir!

Bununla birlikte bu durumu yaşayan pek çok kişi, kendi içlerine tam olarak yöneldiğinde, aşırı telafi durumunun sadece hoş tarafları olmadığını anlatırlar. Aşırı Telafi durumunda sıklıkla kendileriyle iyi ilişkide olmadıklarını fark ederler. Bir başka deyişle, aslında neye ihtiyaçları olduğunu veya ne istediklerini hissetmezler. Kendilerini rahatlamış ve dingin hissetmezler. Sıklıkla belli belirsiz olsa da kendi güncel durumlarını esasen sevmediklerini anlatırlar. Büyük bir olasılıkla çok konuşup saçmaladıklarını veya kendilerini büyük gördüklerini fark ederler – ancak durumu nasıl durduracakları konusunda belirgin bir fikirleri bulunmaz.

Aşırı Telafi de, diğer başetme yöntemleri gibi stres ve zorlanma arttıkça yoğunlaşır. Pek çok insan gibi zaman zaman da olsa aşırı telafiyle tepki verdiğinizde, kendinizi içsel olarak strese sokarsınız. Böyle zamanlarda, kendinizi nasıl hissettiğinizi ve hangi tepki örüntülerinin işlemekte olduğunu düşünün. Aşırı Telafici örüntü rol oynuyor olabilir mi? Bu konuyla baş etme yöntemi olarak size ekteki "Aşırı Telaficilik Çalışma Kağıdı" yardımcı olacaktır.

Sıklıkla başka insanlardan bununla ilgili yorum aldıysanız, bu Aşırı Telafiye yatkınlığınız olduğunu gösteren açık bir işarettir. Sizin egoist, baskın, zorba veya çok yüksek sesle bağırıp çağıran biri olduğunuz konusunda serzenişte bulunulduysa, bunun aşırı telaficilikle ilgisi olup olmadığını düşünüp, kontrol etmelisiniz. Size bu sitemin yapıldığı bir durumu hayal edin ve o an kendinizi nasıl hissettiğinizi; baskın, agresif görünüşün altında hassas, yaralanabilir hisleri saklayıp saklamadığınızı düşünün. Eğer size bu konuda sitemde bulunulduğunu biliyorsanız ama aklınıza hemen bir örnek gelmiyorsa, iyi bir arkadaşınızdan size iyi bir örnek vermesi için yardım rica edin.

***Başkalarında Aşırı Telafi olduğunu nasıl anlarım?***

Aşırı Telafinin başkasında olup olmadığını anlamak, kendinde olduğunu anlamaktan daha kolaydır. Aşırı Telafi gösterenler dışarıdan bakıldığında sıklıkla yapay, ölçüsüz şekilde böbürlenen veya kuvvetli şekilde kontrolcü görünürler. Onlarla iletişimde bulunan veya konuşanlar genellikle kendilerini köşeye sıkıştırılmış, kontrol, hatta tehdit ediliyormuş gibi hissederler. Narsistik aşırı telafide karşıdaki kişi kendini aşağılanmış ve bu davranışı gösteren insanın kendini ölçüsüz şekilde yükselttiğini hisseder.

Dışarıdan gözlemleyenler bu durumu nahoş ve antipatik bulurlar. Ancak karşıdaki insan kuvvetli ve baskın olduğu için, arkadaşa veya sevgiliye bu durumdan bahsetmek çok zordur. Hatta bu örüntü kapsamında insan "tokat yiyebileceğinden" bile korkar. Zira herhangi bir insan Aşırı Telafi halindeyse çok büyük olasılıkla eleştiriye de Aşırı Telafi ile cevap verir. Bir başka deyişle zorbaca, kontrol edici veya agresif tepki verir.

Burada da kısır döngü açık şekilde görülür. Pek çok işlev bozuklucu modda olduğu gibi kısır döngü burada da yer alır. İnsanlar yalnız kalma, çaresizlik, tehdit vs'yi azaltmak için Aşırı Telaficilik geliştirirler. Geliştirilen aşırı telaficilik nedeniyle başka insanları kontrol eder, tehdit eder, sınırlarlar. Bu insanlar da durumu hoş bulmadıkları için ya geri çekilirler ya da anlaşmazlık ortaya çıkar.

Böylelikle Aşırı Telaficilik, temel sornu adeta daha da güçlendirir. Bundan yakınanlar yalnız olmaya devam ederler ve sıklıkla gerçekten sevilmezler.

### Vaka Örneği

Julia P. birkaç aydır yeni erkek arkadaşıyla beraberdir. Her ikisi de çocukluklarında aileleri tarafından ihmal edilmişlerdir. Julia'nın ailesi ondan sürekli isteklerde bulunmuş ama onun kendisini nasıl hissettiğiyle hiç ilgilenmemişlerdir. Erkek arkadaşı ise çocukluğunda ailesi tarafından sert şekilde dövülmüştür. Birisinin kendisine soğuk ve tepeden bakmasına katlanamamaktadır. Julia ve erkek arkadaşı geçmişleri konusunda sıklıkla konuşmakta ve birbirlerine destek vermektedirler.

Günlerden bir gün Julia meslek eğitiminden gergin şekilde evine döner. Erkek arkadaşı onun kendini ne kadar kötü hissettiğini anlamaz. Julia'ya o akşam arkadaşlarıyla evde futbol gecesi yapacağını duyurur. Julia kendini kırgın, anlaşılmamış ve yüzüstü bırakılmış hisseder (İncinmiş Çocuk Modu). Erkek arkadaşına kendini nasıl hissettiğini anlatmak yerine soğuk bir sesle şunu söyler: "Defol git! Seni bu akşam zaten görmek istemiyorum!" (Zorlukları Alt Etme Modu - Agresiflik). Erkek arkadaşı çok kırılır ve kendi geçmişini bilmesine rağmen kız arkadaşının kendisiyle nasıl böyle konuştuğunu anlayamaz.

# 5 Sağlıklı Yetişkin Modu

Sağlıklı Yetişkin Modu adeta bir üst merciidir. Bu mercii, ruhsal oluşumlara yönelik sağlıklı bir genel bakışa sahiptir. Derinlik psikolojisinde "sağlıklı ben fonksiyonları" olarak da tanımlanır. Bu mod dahilinde durumlar, davranışlar ve duygular uygun şekilde yaşanır ve tahmin edilir. Aldığınız bir red yanıtı hayatınızı yerle bir etmez çünkü bu durumun "dünyayı yerinden oynatacak" kadar önemli olmadığını görebilirsiniz. Anlaşmazlıklarla başedebilirsiniz – bununla birlikte insanın zaman zaman bazı ihtiyaçlarını biraz geri çekip, uzlaşmalar yapmak zorunda olduğunu da bilirsiniz. Genel olarak kendi istekleriniz ve başkalarının ihtiyaçları arasında bir denge kurabilecek durumdasınızdır. Bu modda ağırlıklı olarak olumsuz hisler yaşamadığınız için duygularınızdan kaçınmak veya aşırı telafi yapmak için büyük çaba göstermek zorunda da değilsinizdir – bu modda çoğunlukla hangi hislerin hangi durumlardan kaynaklandığını ve o an nasıl duyumsadığınızı gayet iyi bilir, hissedersiniz. Sonuç itibarıyla bu modda kendinizi (göreceli olarak) yetişkin hissedersiniz. Yetişkin istek, ilgilerine, görevlerine ve zevklerine uyum sağlarsınız. Bu söylediklerimiz "genellikle" geçerlidir – hiç kimse mükemmel değildir!

**Sağlıklı Yetişkin Modunun özellikleri**

- "Sağlıklı ben- fonksiyonları" gösterir
- Durumları, anlaşmazlıkları, ilişkileri vs. gerçekçi şekilde değerlendirilebilir
- Küçük sorunlarda olumsuz duygulara yenilmez
- Kendi ve diğerlerinin isteklerini algılayabilir ve aralarında bir denge kurabilir
- Taahhütlerini, görevlerini, ödevlerini yerine getirir
- Sorun çıktığında yapıcı çözümler arar
- Yetişkin eğlenceleri ve ilgilerine merak duyar

Sağlıklı yetişkin ve mutlu çocuğun belirli ortak noktaları olduğu belki dikkatinizi çekmiştir. En önemli ortak nokta, bu iki moddan birindeyseniz ruhsal olarak genellikle iyi durumda olmanızdır. Aralarındaki fark ise, mutlu çocukta daha çok rahatlık, şaka ve çocuksu eğlencelerin ön planda olması; Sağlıklı Yetişkin Modunda daha çok yetişkin sevinçleri ama bununla birlikte ödev ve görevlerin görülebilmesidir.

Sonuç olarak, kuvvetli bir Mutlu Çocuk Moduna sahip insanların çoğunlukla güçlü bir Yetişkin Moduna sahip oldukları ya da tam tersinin gerçekleştiği her zaman görülür. Güçlü uyum bozucu çocuk ve ebeveyn modlarına sahip olan kişilerde Sağlıklı Yetişkin Modu genellikle güçsüz kalmıştır. Bu doğrultuda güçlü bir Sağlıklı Yetişkin Moduna sahip insanlar, bu modun daha az geliştiği insanlara göre genelde daha az ruhsal soruna sahiptirler.

Güçlü bir Sağlıklı Yetişkin Modu için en önemli şart, çocukluk ve gençlik çağında çocuksal ve insani gereksinimlerinin karşılanmış olmasıdır (*Bkz. Bölüm 2*). Çocukken sevilmeye layık olduğumuz ve kendi ihtiyaç-larımızın karşılanmasına hakkımız olduğu hissettirilmişse; alay edilmeden veya cezalandırılmadan duygularımızı özgürce dile getirmemize izin verilmişse; bağımsız olabilmiş ama bununla birlikte sınırların da oldu-ğunu fark etmişsek o zaman Sağlıklı Yetişkin Moduna sahip olmak için iyi bir temel atılmış demektir. Ne yazık ki bunun tam tersi de geçerlidir – yukarıda bahsettiğimiz deneyimleri yaşama fırsatı olmayanların güçlü bir Sağlıklı Yetişkin Modu geliştirmesi çok daha zordur.

**Vaka Örneği**

**Örnek Anne R.**

Anne R'yi zaten Mutlu Çocuk Modundan tanıyorsunuz *(Bkz. Bölüm 2.3).* Hem kendisi hem de kocası çalşmakta ve üç çocuklarına ikisi birlikte bakmaktadırlar. Bunu dengelemek için sadece Mutlu Çocuk Moduna değil aynı zamanda güçlü bir Sağlıklı Yetişkin Moduna da ihtiyaç duymaktadır. Böylelikle önceliklerini belirleyebilmektedir. Zira her sorun "dengesini bozmamaktadır." Ailesine zaman ayırabilmektedir. Sessizliğe ve dinlenmeye ihtiyacı olduğunda bunu ifade de edebilmektedir. Ayrıca Sağlıklı Yetişkin Modu nedeniyle düzenli spor yapmak için yeteri kadar disipline sahiptir, ki bu da iyi bir ruhsal denge için önemli katkı sağlayabilir.

**Örnek Rosemarie L.**

Rosemarie L'yi de Bölüm 2.3'ten tanıyorsunuz. Uzun yıllardan beri büyük çaba ve tutkuyla işine bağlıdır ve yıllarca kendini feda etmeye yatkınlık duymuştur (Duygu Odaklı Talepkâr Ebeveyn Modu). Geçirdiği ortopedik disk rahatsızlığı sonrası kendine önem vermeyi ve daha önce olduğu gibi tüm enerjisini başka insanlara bakım vermekle harcamamayı öğrendi. Artık kendisi için de dinlenme zamanı ayırıyor. Yürüyüş yapmaya başladı ve haftada bir saunaya gidiyor. Ayrıca senelerdir kendisi için yorucu olan iki arkadaşlığını sınırlandırdı. Bu iki kız arkadaş sürekli olarak kendisinden yardım istiyordu ama Rosemarie'nin yardıma ihtiyacı olduğunda onlar orada değildi.

### *Kendimde Sağlıklı Yetişkin Modu olduğunu nasıl anlarım?*

Bu modayken kendinizi iyi hissedersiniz. Bu, sizi hiçbir şeyin yorup üzmeyeceği anlamına gelmez – ama günlük sıkıntılar boğucu şekilde yaşanmaz. Önemli olan bu moddayken kendinizle "iletişim" içinde olmanızdır. Kendi duygularınızı, güncel ihtiyaçlarınızı ve o anda neye ihtiyaç duyduğunuzu hissedersiniz. Sağlıklı Yetişkin Modunda içsel olarak hiç gergin değilsinizdir (veya çok az gerginsinizdir). Sorunlarla veya anlaşmazlıklarla baş etmek için kaçınma veya abartılı kendini feda etme davranışlarına ihtiyacınız yoktur. Aşağıdaki sorular Sağlıklı Yetişkin Modu ile ilgilidir:

- ➤ Hislerimi ne zaman dile getirmem gerektiğini ve ne zaman gerekmediğini biliyorum.
- ➤ Sorunları duygularım tarafından boğulmadan akılcı şekilde çözüyorum.
- ➤ Hayatımda yeteri kadar sağlamlık ve güven olduğunu düşünüyorum.
- ➤ Haksız şekilde eleştirildiğim veya kullanılmış olduğum duygusuna sahipsem bunu kendime itiraf edebiliyorum.

Sağlıklı Yetişkin Modunun desteklenmesi ve güçlendrilmesi birçok insan için önemli ve mantıklı bir amaçtır. Bu nedenle ne zaman ve nasıl bu moda geldiğinizi bir düşünün – bu size zaman içinde bu modu geliştirmenizde ve yoğunlaştırmanızda yardımcı olabilir! Ekte bulunan "Benim Sağlıklı Yetişkin Modum"size yardımcı olabilir.

- ➤ Genellikle hangi aktivitelerde, hangi durumlarda Sağlıklı Yetişkin Modundayım?
- ➤ Sağlıklı Yetişkin Modunda olmanızı kolaylaştıran belirli insanlar var mı?
- ➤ Sağlıklı Yetişkin Moduna ait olan mizacı ve "ana duygu" yu nasıl tarif edebilirim?

Her zaman olduğu gibi burada konu hep ya da hiç değildir. Bunun yerine hangi faktörlerin sizin Sağlıklı Yetişkin Modunuzu temelde desteklediğidir. Hiçbir insan her zaman tamamen Sağlıklı Yetişkin Modunda değildir. Bu, gerçekçi olmayan ideal bir hedef hayali olurdu!

### *Başkalarında Sağlıklı Yetişkin Modu olduğunu nasıl anlarım?*

Kişi içinde bulunduğu durumu gerçekçi ve uygun şekilde ele alabiliyorsa onda Sağlıklı Yetişkin Modu olduğu görülür. Bu kişinin olayları açık şekilde görebildiği ve bakışının abartılı bir kendini eleştirme (Cezalandırıcı Aile Modu), aşırı ruhsal kırılganlık (İncinmiş Çocuk Modu) veya duygulardan kaçınma yoluyla "yalıtılmış" durumda olmadığı (kaçınarak sorunlarla mücadele) izlenimine sahipsinizdir.

Karşıdaki kişiye sinirlenip, saldırmadan, abartılı biçimde hassas davranmadan veya verdiği mesajları anlamazlıktan gelmeden –bu da sorunlarla kaçınarak mücadele etmektir– kritik nokta ve anlaşmazlıkları konuşabileceğinizi hissedersiniz. Sağlıklı Yetişkin Modunda başkalarıyla iletişim modu, Mutlu Çocuk Modunda olduğu gibidir: Diğer modlar (uyum bozucu çocuk ve ebeveyn modları) sıklıkla olumsuz duygular ortaya çıkarır ve ilişkileri zor hale getirirken, Sağlıklı Yetişkin Modu bunun tam tersine neden olur. Bu modda iyi ve dayanıklı ilişkiler olası olmakla birlikte, başkalarıyla işbirliği içinde ve başarılı bir ortak çalışma yapmak mümkündür. Anlaşmazlıklar her şeyin "çökmesine" neden olmaz. Sağlıklı Yetişkin Moduna sahip olan insanlar bu sayede daha az ruhsal soruna sahip olmakla kalmaz, ayrıca daha çok sevilir ve Sağlıklı Yetişkin Modu zayıf olan kişilere kıyasla arkadaşlık ve ilişki kurmak onlar için daha kolay olur. Sözünü ettiğimiz bu iyi özellikler kendi kendini belirleyen (sosyal) hayat için karşılığında tabii ki Sağlıklı Yetişkin Modunu güçlendirirler. Böylece sürekli devam eden olumlu bir geri besleme meydana gelir!

### *Sağlıklı Yetişkin Modunu diğer modlardan nasıl ayırırım?*

Büyük olasılıkla bu bölümü okurken farklı modları birbirinden tamamen ayırmanın çok da basit olmadığı dikkatinizi çekmiştir. Sağlıklı Yetişkin Modu öncelikle görev ve sorumlulukların başarılı şekilde yerine getirilmesiyle ilişkilendirilir. Peki ama bu görev ve sorumlulukların yerine getirilmesini istemek üzerine kurulu olan modun adı Talepkâr Ebeveyn Modundan nasıl ayrılır? Sağlıklı Yetişkin Modu öfkesini dile getirebilir – fakat o zaman Kızgın Çocuk Modu ne olacak? O da öfkesini dile getiriyor. Veya duygulardan kaçınmayı ne yapacağız? Bunlar şimdiye kadar sadece sorunlarla başetmek için kaçınmakla ilintilenmişti ama bazen duyguların kendinize yönelmesine izin vermemek çok önemli ve sağlıklıdır. Örnek olarak kişinin toplum içerisinde haksız şekilde eleştirilmesi veya aşağılanması halinde!

Bu sorular önemlidir ve büyük olasılıkla hangi modun ilgili anda aktif olduğu kesin olarak söylenemez. Ayrıca birden fazla mod aynı zamanda birlikte görülebilir... Örnek olarak, şu an kendimi yaralanmış ve reddedilmiş hissedebilirim (İncinmiş Çocuk Modu) oysa ki kafamda tamamen biliyorum ki karşıdaki kişi beni seviyor ve reddetmek istemiyor (Sağlıklı Yetişkin Modu).

Bununla birlikte bize yüksek oranda yardım eden bir ana kural vardır. Bu kural da çoğu zaman Sağlıklı Yetişkin Modunda mı yoksa uyum bozucu modlardan birinde mi olduğumuzu anlamamıza yardım eder. Burada anahtar kelime bir kez daha “ihtiyaçlardır”. Eğer davranış ve duygu örüntünüz kendi ihtiyaçlarınızı giderirken ve başkalarının ihtiyaçlarını da dengede tutabilmenizi sağlıyorsa Sağlıklı Yetişkin Moduna sahipsiniz. Bunu yapabilmek için hem kendinizin hem de başka insanların duygularını hissedebilmek zorundasınızdır. Bu da iyi bir duygu algısının da bu modun bir parçası olduğu anlamına gelir! Buna karşın bir davranış ve duygu örüntüsü tek taraflı olarak ya sadece kendi isteklerini ya da sadece başkasının isteklerini gözönünde bulunduruyorsa, daha çok uyum bozucu modların ön planda olduğu söylenebilir. Bu durumda sıklıkla tek taraflı olarak sadece belirli hisler algılanır veya hiçbiri algılanmaz! Aşağıdaki tablo Sağlıklı Yetişkin Modu ile diğer uyum bozucu modlar arasındaki farkları özetlemektedir.

**Tablo 5.1** Sağlıklı Yetişkin Modu ile diğer uyum bozucu modların

| | Sağlıklı Yetişkin Modu | Uyum Bozucu Modlar |
|---|---|---|
| **Görev tamamlama - Disiplin** | Görevlerini yerine getirir ve disiplinlidir. Ama bunu yaparken kendi sınır ve ihtiyaçlarını da gözönünde bulundurur. *Örnek*: Hırslıdır ve görevlerini yerine getirir ama çalışmalarına ara da verir ve kendine dinlenme dönemleri koyar. | Talepkâr Ebeveyn Modu kişiden altından kalkamayacağı çok fazla şey bekler ve disiplinli bir şekilde çok fazla görevi yerine getirmesini ister. *Örnek*: Hırslıdır ve aralıksız çalışır. İş dışında başka ilgi alanı yoktur. Tükenmişlik sendromu yaşama riski yüksektir. |
| **Kendini eleştirebilmek** | Kendini eleştirebilir ama bu nedenle kendisinden nefret etmez. *Örnek*: Zayıf noktalarının farkına varır ve bunlar üzerine çalışır ama bu yüzden kendini değersiz bulmaz. | Cezalandırıcı Ebeveyn Modu kendine olan eleştiriyi abartır. Kendinden nefret eder, kendine koyduğu yasaklarla kendi kendisini aksatır. *Örnek*: Kendine ait bir zayıflık görür görmez, kendini değersiz bulur. |
| **Keyif, eğlencenin dozunu kaçırmak** | Keyif ve eğlencenin önemli olduğunu ve her zaman disiplinli olması gerekmediğini bilir. Ama "sosyal olarak kaldırılabilir" çerçevede kalır. *Örnek*: Bazen lüks yerlerde yemeğe gider veya sadece hevesi için yeni ayakkabılar alır ama banka hesabı artıdadır. | Disiplinsiz, dürtüleriyle hareket eden, şımarık çocuk modu başkalarını veya uzun vadeli olumsuz sonuçları gözönünde bulundurmadan kendi ihtiyaçlarını karşılar. *Örnek*: Banka hesabı eksideyken sık sık kendine yeni giysiler almak. |

| | Sağlıklı Yetişkin Modu | Uyum Bozucu Modlar |
|---|---|---|
| **Öfkenin ifade edilme biçimi** | Öfkesini ifade eder ama bunu "sosyal olarak kaldırılabilir" şekilde yapar. *Örnek*: Arkadaşını kenara çekerek kendisini neyin kızdırdığını nesnel şekilde bildirir. | Kızgın Çocuk Modu kontrolsüz şekilde patlar ve "ciddi izler" bırakır. *Örnek*: Uzun süren bir anlaşmazlık sonrası partinin ortasında aniden patlar. |
| **Duygulardan kaçınmak** | Kaçınmayı bir strateji olarak kullanabilir. Ama abartılı kaçınma nedeniyle önemli ihtiyaçları engellenmez. Örnek: Normalde duygularla ilişki içindedir. Ancak iş yerinde kötü bir gün geçiriyorsa ve bu nedenle ofiste dolaşıp bağırıp çağırma ihtimali varsa, kendi içine çekilebilir. | Zorluklarla kaçınarak başa çıkma modunda kişi her türlü duygudan kaçınır ve bunu yaparken önemli ilişkiler, tecrübeler ve gelişmeleri engellemiş olur. *Örnek*: Eleştirilme korkusu nedeniyle her türlü ilişkisinde mesafelidir. Arkadaşlarına ve güvenilir, dost canlısı insanlara karşı da öyledir. |
| **Kontrolü üstlenmek** | Kontrolden çekinmez. Bunu yaparken esnektir ve başkalarının arzularını da gözönünde bulundurur. *Örnek*: Yardımcı olduğu taşınmada hiçbir şeyin koordineli gitmediğini gördüğünde "yönetimi ele alır". Ancak işi asıl yönetmesi gereken insan geç de olsa geldiğinde yönetimi isteyerek ve severek ona geri verir. | Aşırı Telafi Modları kontrolde ısrarcı olurlar. Başkası adına velilik yaparlar. Esnek değillerdir. *Örnek*: Her zaman ve her yerde yönetimi onlar ellerine alırlar ve bu nedenle çevrelerini düzenli olarak "sinir ederler." |

# II

# İçsel Yanları Dönüştürmek

# 6 İncinmiş Çocuk Modlarını İyileştirmek

Geçmişte Sigmund Freud'un da (terapisinin önemli hedefi olarak) formüle etmiş olduğu gibi; insanlar "kendilerine anne ve baba olmayı" öğrenmek zorundadırlar. Bunun için iki nokta önemlidir: İncinmiş Çocuk Moduyla nasıl daha iyi ilgilenebileceklerini öğrenmek ve incinmiş çocuk modlarıyla ilişki kurmak.

Kendi İncinmiş Çocuk Modunuzla iletişim kurmak sizin için belki hiç de o kadar kolay değildir. Pek çok insan çocukluklarını neredeyse hiç hatırlayamadığını veya o dönemle uğraşmanın onlar için zor olduğunu söylemiştir. Pek çok insan kendi çocuk modlarını güçlü şekilde reddeder, bazıları da bunlarla ilgili hisler yüzünden kendilerinden nefret eder. Bu davranış tarzı uzun vadede bu hislerin hafiflemesini sağlamaz. İkinci adım olarak, İncinmiş Çocuk Modunuza özen gösterebilmek için öncelikli olarak sizin için zor olsa da " içinizdeki çocuğu" kabul etmek önemlidir. İçinizdeki çocuğun ne zaman size seslendiğini ve hangi ihtiyaçlarının olduğunu öğrenmeye çalışın. Zamanla onun size ne söylemek istediğini daha iyi anlayacaksınız.

## 6.1 İncinmiş Çocuk Modlarıyla İletişim Kurmak

İncinmiş Çocuk Modunuzla iletişim kurmak için farklı yollar vardır. Bunun için en iyi yol imgeleme alıştırmalarıdır. Bu alıştırmalarda kişi fantezilerinde kendi hislerini belirli resim veya hayallerle ilişkilendirir.

Hislerimiz ve anılarımız birbirleriyle çok sıkı şekilde bağlıdır. Eğer sıklıkla mutsuzluk veya yalnızlık çekiyorsanız ve bunların yukarıda anlatılan İncinmiş Çocuk Modundan kaynaklanabileceğini düşünüyorsanız, bunları zihninizde gerçekleştireceğiniz, geçmişe yönelik bir yolculukla (imgeleme alıştırması) daha iyi anlayabilmeniz mümkündür.

## Alıştırma

**İncinmiş Çocuk Modunun "izini sürmek"**

Gözlerinizi kapatın, rahatlayın ve kendinizi kısa süre önce içinde bulunduğunuz İncinmiş Çocuk Moduyla ilintili olumsuz hisleri ortaya çıkartan bir durum içine yerleştirin. Bu durumu içsel olarak bir kez daha yaşamayı ve duyumsamayı deneyin. Eğer bunu duyumsarsanız güncel durumu iç gözünüz yardımıyla silin ve geçmişe geri gidin. Hangi resim ve anıların oluşacağını bekleyin. Bu resimlere ait çocuksu duygularınızı tekrar hissedin. Bugünkü duygularınızla bunlar arasındaki ortak noktaları ve farkları düşünün, kontrol edin.

## Vaka Örneği

Ursula M. güçlü derecede İncinmiş Çocuk Moduna sahip bir lise öğretmenidir. Bu İncinmiş Çocuk Modu öğrenciyken kendisiyle çok alay edilmiş olmasından kaynaklanmaktadır. Mesleğinde öğrencilerle yaşadığı anlaşmazlıklar İncinmiş Çocuk Modunu tetiklemektedir. Bugün 3 saat boyunca zor ve yerinde duramayan bir 9. sınıfa ders vermiştir. Öğleden sonra kendini içi boşaltılmış, reddedilmiş, yalnız ve çaresiz hissetmektedir. Kanapeye yatar, gözlerini kapar, bu hisleri kabul edip duyumsar. Sonrasında düşüncelerinde çocukluğuna geri gider. Birkaç saniye sonra çoktan unuttuğu bir sahne "belirir". Bir sınıf gezisinde ayağı takılmış ve gözlüğünü kırmıştır. Gözlüksüz olduğu için dönüş yolunda iyi görememesi onun için zorluk çıkartmış, öğretmenin elini tutmak zorunda kalmıştır. Bu nedenle de diğer çocuklar onunla alay etmiştir. Eve vardığında annesi hiç anlayış göstermemiş, sadece gözlüğü kırıldığı için ona bağırmış, kızmıştır. Geçmişteki hisleri bugün sınıfta yaşadıklarıyla çok benzemektedir.

Ancak çok büyük bir fedakarlık yaparsam biri beni sever (gerçekten)

Belki doğrudan yorucu bir durum üzerinden çocuk modunuzla iletişim kurmak sizi başlangıçta az da olsa korkutur. Aşağıdaki alıştırma sizin için iyi bir başlangıç olabilir. Böylelikle önce tekrar kendi "küçük - ben'inize" yaklaşabilir ona karşı hissettiklerinizi duyumsayabilirsiniz.

## Alıştırma

**Kendi küçük-ben'inize hayali bir yolculuk**

Bu alıştırma için sessiz ve rahat oturabileceğiniz bir yerde olmanız çok önemlidir. Öncelikle en az 20 dakika boyunca rahatsız edilmeyeceğinizi garantileyin. Bu alıştırmanın içeriğini iyice okuyun. Sonra gözlerinizi kapatın ve rahatlayın. Yeşillikler arasında yürüdüğünüzü hayal edin. Sağ ve solda yeşil ovalar uzanıyor, güneş parlıyor ve hafif bir rüzgâr esiyor. Gittiğiniz yol bir dağın arkasına doğru uzanıyor. Ayaklarınızın yeri duyumsadığını, güneş ve hafif rüzgârı yüzünüzde nasıl hissettiğinizi mümkün olduğunca yoğun şekilde hayal edin. Bu resmin içinde tamamen rahatlamış ve dingin hale gelmiş olana kadar bir süre kalın.

Bir süre sonra hayalinizde dağın arkasından size doğru gelmekte olan küçük bir çocuk görürsünüz. Bu çocuk 5-6 yaşlarındadır. Yavaşça yürümeye devam edin ve bu küçük çocuğun size yaklaştığını görün. Az sonra bu çocuğun kendiniz olduğunu anlayacaksınız. "küçük-ben" gittikçe yaklaşmaktadır. Sükûnet içinde ona bakmak ve ona yaklaşmak için kendinize zaman tanıyın. Sonunda karşılaştığınızda arkadaşça onu selamlamak için kendinize zaman verin. Belki de onun başını okşamak veya onu kollarınıza almak istersiniz. Veya belki de önce aranızda biraz mesafe bırakmak istersiniz. Bu an'ı mümkün olduğunca canlı şekilde resmetmeye çalışın: Kendi küçük-ben'ininiz tam olarak nasıl görünüyor? Bu karşılaşma size ne hissettiriyor? Belki de küçük-ben'e söylemek istediğiniz bir şeyler vardır veya onunla oynamak için yeşilliklerin üzerine oturursunuz. Bu karşılaşma için kendinize birkaç dakika ayırın. Eğer durumun sizin için uygun olduğunu hissediyorsanız, küçük-ben'e veda edin. Ona iletmek istediğiniz bir şey var mı? Yavaşça küçük çocuğun yol boyunca ardından bakın. Sonra, otururken vücudunuzu nasıl hissettiğinizi, ayaklarınızın yere bastığını fark ederek gerçek dünyaya yavaşça geri dönün. Sonrasında gözlerinizi yavaşça tekrar açın.

Bu alıştırma sonrası aşağıdaki soruları sormak sizin için fikir verici olabilir:

- "Küçük-ben"inizle karşılaşmak size kendinizi nasıl hissettirdi? Bu karşılaşmayla sizde tetiklenen duygu ve düşünceleri not alın.
- "Küçük-ben" sizden ne istedi? Neye ihtiyacı vardı?
- "Küçük-ben"e vermek istediğiniz bir şey var mıydı? Bir obje, örneğin sarılabileceği küçük bir örtü, bir tavsiye veya teselli?

Tabii ki bu alıştırmayı farklı şekillerde uygulayabilirsiniz. Örneğin kendi "küçük-ben"inizi eski çocuk odanızda veya başka önemli bir yerde ziyaret edebilirsiniz. Onunla çocukken yaşadığınız evi gezebilir ve bunu yaparken sizin için önemli rol oynayan kişilerle karşılaşabilirsiniz. (Anne-baba, kardeşler, sınıf arkadaşları, öğretmenler vb.)

**Hatıra eşyası üzerinden iletişim kurmak.** Eski oyuncak hayvanlarınız, mektuplar veya resimler çocuksu duygularla yeniden iletişim kurmak için aynı şekilde çok uygundur. Anılarımız ve duygularımız duyuların algılanması ile sıkı şekilde ilintilidir. Örneğin belirli bir parfüm size büyükannenizi hatırlatabilir veya eski bir resim çocukluğunuzdan bir sahneyi yeniden görünür hale getirebilir. Bu eşyalarla kurduğunuz bağlantıda ortaya çıkan duyguları olabildiğince belirgin şekilde yeniden canlandırmaya çalışın. Bu şekilde güncel sorunlu duygularınız ile kendi biyografiniz arasındaki ilişkiyi daha iyi araştırabilirsiniz.

### Vaka Örneği

Ekip toplantısında yazı tahtasına takılıp düşmüş olan Sebastian E. *(Bkz. Bölüm 2.1)* eve doğru giderken çok düşüncelidir. Okuldaki deneyimleriyle, hissettiği utanç ve çaresizlik duyguları arasında bir ilişki olduğunu zaten her zaman tahmin etmiştir. Eve vardığında okul zamanından kalma eşyaları içeren bir koliyi bodrumdan çıkartır. Kolinin içinden eski bir resim bulur. Bu resimde sınıf arkadaşları ve geçmişte kendisine çok çektirmiş olan kadın öğretmeni bulunmaktadır. Resimde sınıftayken kendisini ne kadar rahatsız hissettiğini çok iyi görebilmektedir. "Küçük-Sebastian" geçmişte zor zamanlar geçirdiği için mutsuz ve sinirli hissetmektedir. Bunun üzerine şunu hayal eder; bugünkü haliyle resme girer ve teselli edici şekilde elini "Küçük-Sebastian"ın omzuna atar.

## 6.2 İncinmiş Çocuk Moduyla Daha İyi İlgilenn

Duyguları kabul etmek ve onlara izin vermek. Bir sonraki adı umuz İncinmiş Çocuk Moduyla daha iyi ilgilenmektir. Öncelikle burada önemli olan geçmişteki ve bugünkü duygularınızı kabul etmek ve onları duyumsamanıza izin vermektir. İncinmiş Çocuğun ihtiyaçlarının ne olduğunu keşfedin.

**Alıştırma**

**İncinmiş Çocuk Modu ortaya çıktığında ne yapmalıyım?**

İncinmiş Çocuk Modu ortaya çıktığında gözlerinizi kapatın. Onu hissetmeye çalışın ve kendi kendinize neye ihtiyacınız olduğunu ve ne istediğinizi sorun. Şu an hangi ihtiyaçlarınız karşılanmamış durumda? Ve bu, size çocukluğunuzdaki hangi durumu hatırlatıyor? Çocukluğunuzda ihtiyaç duyduğunuz ve mümkün olduğu halde gideremediğiniz ihtiyaçların hangilerini bugün karşılayabilirsiniz?

**İncinmiş Çocuk Modlarını İyileştirmek.** Sebastian E. örneğinde belirli semboller ve resimler ile İncinmiş Çocuk Modunun iyileştirici ve teselli edici şekilde ele alınmasının olası olduğunu gördünüz. Sebastian E. uzun zamandır küçük Sebastian'ın yanına gidip koruyucu ve teseli edici şekilde elini onun omzuna koyduğu resmi zihninde taşıyor. Böyle resimler, aynı şekilde semboller, jestler ve cümleler İncinmiş Çocuk Moduna iyi gelen bir etkiye sahip olabilirler. Çocukluktaki bu tür zor deneyimlerde yetişkin "ben" in "küçük-ben"in yanında durduğunun hayal edilmesi bu tür zor deneyimlerle baş edilmesine çok yardımcı olabilir.

Bu imgeleme alıştırmalarında; yetişkin halinizin veya en sevdiğiniz teyzeniz ve iyi bir arkadaşınızın "iyi yetişkin" olarak "küçük-ben"iniz-le ilgilenmesi iyileştirici resimler bulmanızı sağlayabilir. Bunu ya-parken "küçük-ben"in duygularını anlamak ve ihtiyaçlarını gidermek önemlidir.

Semboller, resimler, şarkılar vb. çocukluk moduna gösterilen özenin güçlendirilmesine ve bu ilginin düzenli olarak hatırlanmasına yardımcı olabilir. Buna ek olarak bugünkü hayatınızda da iletişim, ilgi ve eğlence ihtiyaçlarınızın karşılanmasına özen göstermeniz de çok önemlidir. Sonuç itibarıyla İncinmiş Çocuk Modları ancak yetişkin "ben" tarafından her gün sevildiğini ve ihtiyaçlarının karşılandığını görürse sürdürebilir şekilde iyileşebilir.

**Vaka Örneği**

**Katrin P. - Aidiyet ile ilgili bir resim bulmak**

Katrin P.'nin üniversite arkadaşı Cumartesi akşamı bir parti düzenlemektedir. Dönem arkadaşlarını e-posta ile davet etmiş ama Katrin P.'ye gelmek isteyip istemediğini şahsen sormamıştır. Cumartesi akşamı Katrin P. evde mutsuz ve kendinden memnuniyetsiz şekilde oturmaktadır. Bunun üzerine bir imgeleme alıştırması yapar ve kendisini yaklaşık 8 yaşında olduğu bir sahnede "bulur". O sıralarda şehre yeni taşınmışlardır ve sınıfındaki diğer çocukları çok iyi tanımamaktadır. Okuldaki 6. dersten sonra sınıfın kızlar grubu okulun bahçesinde ip atlamaktadır. Katrin P., o zaman onların yanına gitmeye cesaret edememiş ve ağlayarak eve dönmüştür.

➤

Şimdi "büyük-ben'inin okul bahçesine geldiğini ve küçük kızın elini tuttuğunu düşünmektedir. "Büyük-Katrin", "küçük-Katrin"e cesaret ve kendine güven vermektedir. Bu sahnede beraberce diğer kızlara giderler. Yetişkin'in yardımıyla "küçük-Katrin" kızlara "ben de oynayabilir miyim?" diye sorar ve onlar da "oynayabilirsin" deyince, birlikte oynarlar. "Büyük-Katrin" kenarda oturmakta ve kızları seyretmektedir. Onun orada olması "küçük-Katrin"e güven duygusu vermektedir. Katrin P. bu güvenlik ve aidiyet duygularıyla alıştırmayı bitirdiğinde hayal ettiği sahneden bir resim çizmeye karar verir. Bu sayede de o duyguyu koruması mümkün olacaktır. Katrin P. kendini güvensiz hissettiğinde şimdi içindeki bu resmi düşünmektedir. Sıklılıkla bunu düşünmek onu güldürmekte ve başkalarıyla temas kurmasını kolaylaştırmaktadır. Ayrıca bundan sonraki partilerde "kendisine özel" bir davet almasa da yine de katılacağına karar verir. Zira almış olduğu genel davet de büyük olasılıkla ciddidir ve sadece bu tür sosyal etkinliklere katılırsa başkalarıyla olan bağı daha sık hissedebilir.

İncinmiş Çocuk Modunuzla ilgili daha fazla şey biliyorsanız "içinizdeki çocuk"a mektup yazmak yararlı bir alıştırma olabilir. Başlangıçta belki size kolay gelmeyecektir. En iyisi "küçük-ben"inize ne söylemek istediğinizi ve daha önce neleri eksik hissettiğinizi yazın. Daha sonra bugün "içinizdeki çocuk"la daha iyi ilgilenmek için neler yapabileceğinizi düşünün.

## Vaka Örneği

**Ursula M.'nin "küçük Ursel"e mektubu**

*Sevgili küçük Ursel,*

*Geçmişte oldukça zor günler yaşadın. Bazen geçmişe yolculuk edip seni koruyup, yardımcı olmayı dilerdim. Öte yandan o zamanlar kendi isteklerini yeteri kadar iyi dile getirememiş olmanı anlayabiliyorum. Bazen bugün bile bana bir şey uygun gelmediğinde hâlâ bunu söylemeyi başaramıyorum. Kahretsin! Bu bizim için niye bu denli zor? Sana benim için önemli olduğunu ve seni daha fazla önemsemeyi öğrenmek istediğimi söylemek istiyorum.*

**Kendine daha iyi bakım sağlamak.** Kendi incinmiş çocuğunuz ile ilgilenmeniz, kendi öz bakımınız ve kendinize gösterdiğiniz özen ile yakından bağlantılıdır. Bununla kastedilen, kişinin kendini sevgiyle karşıladığı ve ihtiyaçlarını mümkün olduğunca karşılamaya çalıştığı temel bir davranış şeklidir. 5. Bölüm'de bununla ilgili bazı alıştırmalar bulabilirsiniz. Burada "içinizdeki çocuk"un (ve böylelikle tabii ki kendinizin) bakımını sağlamak üzere kendinize yöneltebileceğiniz birkaç soru önerileri yer almaktadır.

- Kendimi neden üzgün veya yaralanmış hissediyorum? Bu duyguyu dindirmek için neye ihtiyacım olurdu?
- Bir Çocuk Modu normalden daha sık şekilde ortaya çıkarsa: Hayatımda ne yolunda gitmiyor? Örneğin ilişkili sorunlar veya işyerinde zorlanma, taşınma, kayıp gibi stres etkenlerinin deneyimlenmesi vs. olabilir. Teselli veya dengeleme için neye gereksinim duyuyorum?
- Çocuk Modu hüzün veya yalnızlık gibi belirli bir duyguyla gelir. Bu duyguların tam tersinini yaşamak için ne yapmam gerekir? Örneğin üzüntü yerine mutluluk veya yalnızlık yerine bağlılık için?

### Vaka Örneği

**Ursula M- kendi ihtiyaçlarına daha iyi bakım sağlamak**

Okuldaki zor bir gün sonrası Ursula öğrenciyken okulda zorba öğrencilerin mobbingine maruz kaldığını hatırlar. Bu nedenle kendini kısıtlanmış ve yalnız hisseder. Kendini daha az yalnız ve dışlanmış hissetmek için ne yapabileceğini düşünür. Aklına bir öğretmen arkadaşı gelmektedir. Son zamanlarda sıklıkla bu arkadaşıyla yaramaz, asi bir sınıf karşısında öğretmenin kendisini ne kadar zavallı hissettiğini konuşmuşlardır. Bu arkadaşının da bugün kuvvetli incinmişlik şeklinde kendini gösteren çocukluk anıları bulunmaktadır. Ursula M. akşam biraz "sohbet etmek" ve kahve içmek için bu iş arkadaşını arar. Ursula için meslektaşına bu korkunç sabahtan bahsetmesi çok önemli değildir. Onun anlayışı ve dostane ve açık bağının "yaraları için merhem" olacağını bilmek önemlidir.

**Uyum Bozucu Ebeveyn Modlarına dikkat!** Çoğu zaman İncinmiş Çocuk Modu ve Cezalandırıcı veya Talepkâr Ebeveyn Modu arasında ilişki bulunur. Bunlar kişi kendini güçsüz, utanmış veya yalnız hissettiğinde çok kolay şekilde aktive olur. Çok dikkatli olup Cezalandırıcı Ebeveyn Modunu fark etmek ve onu kısıtlamak önemlidir. Ekler Bölümü'nde (Bkz. s.190-195) Talepkâr veya Cezalandırıcı Ebeveyn Modunda korunmak için nasıl etkili stratejiler geliştirebileceğinizi bulabilirsiniz.

### Vaka Örneği

**Sebastian E. - İncinmiş Çocuk Modu Talepkâr Ebeveyn Modunu açığa çıkartıyor**

Sebastian E., tahtaya takılıp tökezledikten sonra, tuvalete kapandı. Utanç ve aşağılık duygusu biraz azaldıktan sonra içindeki tanıdık düşüncelerin yükseldiğini fark etti. Bu, Sebastian'a yıllardan beri eşlik eden bir sesti. "Yine kendini rezil ettiğin bir olay yaşaman senin için tipik. Ne yaptığına daha fazla dikkat etmek zorundaydın. Odadan öylece çıkıp gitmek tamamen profesyonellik dışı bir davranıştı ve her şeyin daha da kötü olmasına yol açtı. Şimdi iş arkadaşların, hakkında ne düşünür? Niye böyle durumlara takımdaki diğerlerinin yaptığı gibi egemen şekilde davranamıyorsun?"

Bu olumsuz iç sesin karşısında durmak çok önemlidir! Bu ses incinmiş çocuğun kendisi hakkında düşünmesine yardımcı olmaz. Çocuk, bu zor durumla baş etmek için destek ve teselliye ihtiyaç duyar. Bu nedenle Uyum Bozucu Ebeveyn seslerini hafifletebilmek için yararlanabileceğiniz düşünceler Bölüm 9'da yer almaktadır. Kendi Çocuk Modunuzla ilgilenmek için bu konularla uğraşır ve özellikle de imgesel çalışmalar yaparsanız, bunun ne kadar iyi geldiğini hissedeceksiniz.

# 7 Kızgın veya Dürtüsel Çocuk Modlarını Kontrol Altına Almak

Kızgın, hiddetli, inatçı, dürtüsel veya şımarık çocuk modlarını daha iyi ele almak için özellikle iki nokta önemlidir: Öncelikle hangi ihtiyaçların bu modla bağlantılı olduğunu anlamak zorundasınız. İkinci olarak bu ihtiyaçların uygun şekilde ifade edilmesi ve yerine getirilmesi için bir yol bulunmak zorundasınız.

Bununla birlikte farklı durumlarda, farklı kişilerde arka planda değişik sorunlar olabilir. Bunun nedeni öncelikle bu modların kişinin biyografisi ve gelişiminde çok farklı şekillerde oluşmuş olabilmesidir.

Çocukluğunuzda aile çevreniz, öğretmeniniz veya sınıf arkadaşlarınız tarafından haksız davranışa maruz kalmışsanız, bugün yine kendinizi "tekrar kötü davranışa maruz kalmış" hissettiğinizde hiddet ve öfke ortaya çıkar. Bu durumlarda öfke üzüntü, yalnızlık veya İncinmiş Çocuk Modlarının diğer belirtileriyle birlikte ortaya çıkar. Bunun arkasında yatan ihtiyaç sıklıkla ciddiye alınmak, kabul görmektir. Bu ihtiyaçları daha iyi şekilde ifade etmek için yapılabilecek önemli bir değişiklik de, kişinin önceden ilişki içinde kendini açık bir biçimde nasıl ifade edebileceğini saptamasıdır.

Çocukken şımartılmış, az disiplin almış veya dik kafalı, hırçın tepki vermenize izin verilmiş olabilir. Aynı şekilde çocuklar şımartılırlarsa belirli bir şekilde ihmal edilmişlik oluşabilir çünkü aileler eğitimin önemli bir kısmı olan sınır koyma ile yeteri kadar ilgilenmemişlerdir. İhtiyaçları dile getirme amacının yanı sıra üzerinde düşünülmesi gereken: Bu ihtiyaçların yetişkin bir insanın hangi ölçüde hakkı olduğu, nerelerde geri çekilmek ve mantıklı şekilde disiplinli davranmak daha iyi olurdu diye düşünmektir.

## Vaka Örnekleri

**Örnek 1: Dürtüsel Çocuk Modu**

Güçlü bir Dürtüsel Çocuk Modu bulunan 21 yaşındaki öğrenci Mona K. ile Bölüm 2.2'de tanışmıştınız. Mona K.'nın güçlü bir Dürtüsel Çocuk Modu bulunmakta, kendisi çok fazla içip, eğlenmektedir ve bu sağlığını tehlikeye sokmaktadır(korunmasız seks) ve eğitiminde (disiplinsizlik nedeniyle) ilerleyememesi ile sonuçlanmaktadır.

Mona çocukluğunda anneannesi tarafından çok şımartılmıştır. Anneanne Mona'nın annesini de şımartmıştır. Mona kendini kontrol etmeyi, anlık zevkler yerine mantığının peşinden gitmeyi ve sınırları kabullenmeyi öğrenememiştir. Annesinde de aynı modeli gözlemlemiş, deneyimlemiş ve taklit etmiştir. Mona'nın annesi onun bakımıyla yeterince ilgilenmemiş ve eğitimini anneanneye teslim etmiştir. Mona artık eğitiminde ipin ucunu kaçırdığını ve parti yaşamının da kendini pek mutlu etmeğini fark ettiğinde bir psikoterapist arar. Psikoterapist ona ihtiyaçlarını gidermenin ve eğlenmenin önemli olduğunu anlatır. Ancak diğer taraftan görevleri yerine getirmenin ve takip etmenin, kısacası disiplin ve eğlence arasında bir denge kurmanın da önemine değinir. Mona için daha fazla disiplin geliştirmek ve kendine sınırlar koymak önemli olacaktır. Bu, uzun vadeli ihtiyaçlara daha iyi ulaşmak içindir. Kısa vadeli ihtiyaçlara tamamen teslim olmamak demektir. Bu, kuşkusuz biraz zaman alacak ve bazen moral bozucu olacaktır. Diğer taraftan Mona bu yönde bir değişimin kendisini uzun vadeli amaçlarına yaklaştıracağının farkındadır.

**Örnek 2: Kızgın Çocuk Modu**

41 yaşındaki yazılım mühendisi Harald P. ile Bölüm 2.2'de tanışmıştınız. Uğraş vermesine rağmen kendini eleştirilmiş hissettiğinde öfkeleniyor

çünkü kendisine haksızlık edildiği duygusuna çok kolay sahip olabiliyor. Öfke ile birlikte hissettiği ihtiyaç başkaları tarafından övgü ve kabul görmektir. Ve mükemmeliyetçilik çabasıyla "peşinden koştuğu" övülme ve kabul edilme isteğidir.

Onun için öğrenilmesi önemli olan şey; her şeyi mükemmel şekilde yapmadığında da kabul görebileceği veya biraz eleştirinin onu mahvetmeyeceğidir - bu konularda emin olursa eleştiriye artık çok fazla hiddetle tepki göstermeyecektir. Bununla birlikte sınırlarını diğerlerine belli etmesi ve işleri mükemmel şekilde yapmamaya çalışması gerekir. Çünkü ancak bu şekilde kendisi bir işte yüzde 100 başarılı olmasa da, diğer insanların onu yeterli bulduklarını deneyimleyebilir.

## 7.1 Kızgın veya Dürtüsel Çocuk Modunu Daha İyi Tanımak

Öncelikle Kızgın veya Dürtüsel Çocuk Modu'nun ne zaman ve niçin ortaya çıktığını anlamak önemlidir. Bunu yaparken bu Çocuk Modu'nun İncinmişlik ile beraber ortaya çıkması ve böylelikle daha çok "ikincil olması" veya daha çok "birincil" olarak ve kendi başına ortaya çıkması sorusu önemli rol oynar. Bu soruyu yanıtlamak için "Benim Kızgın/Dürtüsel Çocuk Modum" *(Bkz. Bölüm 2.2)* size yardımcı olabilir. Kızgın veya Dürtüsel Çocuk Modu'nu daha iyi tanıyabilmek için düşünsel ve içsel olarak bu durumun yine ortaya çıktığı bir durumu deneyimlemek daha iyi anlamanız için iyi bir fırsat olabilir.

## Alıştırma

**Gözlerinizi kapatın, rahatlamak için nefesinize dikkat edin ve kendinizi son zamanlarda içinde bulunduğunuz Kızgın veya Dürtüsel Çocuk Modunun yoğun olduğu bir duruma içinde hayal edin. Tekrar bu durumda olduğunuzu düşünün. Duygularınızı inceleyin. Öfke, sinir veya hepsinden öte isteksizlik ve disiplin yoksunluğu mu rol oynuyor? Duygular ne kadar yoğun? Üzüntü, yalnızlık, reddedilme gibi duyguları da ek olarak hissediyor musunuz? Haksız davranış görmüş gibi mi hissediyorsunuz? Eğer evet ise, kim tarafından? Bu kişi başkalarına da böyle davransa yine haksız hisseder miydiniz? Mutsuzluk ve incinmişliğin rol oynadığını hissediyorsanız, kendinize fazlasıyla haksız davranıldığını hissediyorsanız muhtemelen İncinmiş Çocuk Modu devrededir. Bunu daha iyi anlayabilmek için Bölüm 6.2'deki alıştırmalara başvurabilirsiniz.**

İncinmiş Çocuk Modunun rol oynadığı açıklık kazanabilirse bu modla iyi ilgilenmek çok önemlidir. Sıklıkla, bu moda sahip olanlar İncinmiş Çocuğun sorunu daha iyi duruma geldiğinde, öfke ve hiddeti azaltmak için çok fazla bir şey yapmalarına gerek kalmaksızın öfke ve hiddetin neredeyse hiç ortaya çıkmadığını anlatırlar. Bu nedenle tavsiyemiz öncelikli olarak İncinmiş Çocuk Modunun iyileşmesi için önerilen alıştırmalara *(Bkz. Bölüm 6.2)* yönelinmesidir. Bu amaçla Kızgın Çocuk Modu size sıklıkla yardımcı olabilir. İhtiyaçlarınızın ne zaman kuvvetli şekilde arka plana kaydığını ve hangi durumların İncimiş Çocuk Modu için özellikle kötü olduğunu bu moddan çok açık şekilde öğrenebilirsiniz.

Ancak Kızgın Çocuk Modu ön plandaysa veya hiddet ve öfke size veya başkalarına zarar verecek, katlanılamayacak ölçüde aşırı duruma geldiyse, aşağıdaki alıştırmaları yapmanız önemlidir. Kızgın veya Dürtüsel Çocuk Modunun talep ettiği ihtiyaçların tamamen haklı olduğunu aklınızda her zaman bulundurun – burada konu olan sadece bu ihtiyaçların ölçüsü ve dile getiriliş şeklidir!

### *Nedenler*

Kızgın veya Dürtüsel Çocuk Modunun anlaşılması için İncinmiş Çocuk Modu ana rolü oynamasa da Şımarık, Dürtüsel veya Kızgın Çocuk Modunun sizde nasıl oluştuğu veya nasıl açıklanabileceği ile uğraşmak çok yararlıdır. Aşağıdaki nedenlere veya biyografik arka planlara sıklıkla rastlanır:

- **İncinmiş Çocuk Modları ile kombinasyonlar.** Yukarıda ayrıntılı şekilde açıklandığı gibi eğer kişi kendini kuvvetli şekilde incinmiş veya arka plana atılmış hissediyorsa, Kızgın veya Dürtüsel Çocuk Modları ikincil olarak ortaya çıkabilir.
- **Özerkliğin yeterli şekilde yaşanmamış olması.** Güçlü bir İnatçı veya Kızgın-İnatçı Çocuk Moduna sahip olan insanlar; genellikle hayatlarında önemli rol oynayan insanların, sıklıkla da ebeveynlerinin kendilerine yeterince özerklik vermediklerini anlatırlar. Bu durum da inatçılığa neden olur ve bu bir şekilde "yerleşir" ve daha sonra hayatta yeniden ve yeniden ortaya çıkabilir – "aslında" hiç kimse kişinin özerkliğine saldırmasa da. Örneğin bir anne oğlunun ergenlik yaşında hâlâ onun elbiselerini seçmekte ısrar etmiş veya arkadaşlıklarına karışmışsa, bu gencin arkadaşları ilgili durum hakkında yorum yapmış ve bu genç utanmış ve kendine bir çocuk gibi davranıldığını hissetmiştir.
- **Disiplinsiz, kızgın veya dürtüsel modeller.** Belirli sorunları başka insanların yaşaması aracılığıyla öğreniyorsak buna psikolojide modelleme denir. (➤Model Alarak Öğrenmek) Örneğin babanız sıklıkla dürtüsel veya kızgın tepki veriyorsa ve kendi ihtiyaçlarını başka hiçbir şeyi göz önünde bulundurmadan dile getiriyorsa, bunu normal olarak karşılamayı öğrenmiş olabilirsiniz. Siz de yetişkin hayatınızda benzer şekilde davranıyorsanız bu mucize değildir-başka şekilde öğrenmediniz ki!
- **Çocuklukta sınır eksikliği.** Bazen ebeveyni çocuğa yeteri kadar sınır koymakta başarısız olur. Bu da sıklıkla kendilerinin her şeyi yapmak

istemelerinden veya çocuklarıyla çatışmadan kaçınmak isteyerek "kolay yol"dan gitmeyi istemelerindendir. Bunu yaparken çocukların çok fazla şımartılabileceğini ve çocukların disiplinli olmayı ve kendi ihtiyaçlarını geri plana çekmeyi öğrenmesinin önemli olduğunu atlarlar. Erişkin yaşta başarılı bir hayat için bu çok önemlidir. Çocukken çok şımartılmış olma talihsizliğine sahip olmanız mümkündür ve sınırlarınızı öğrenmeniz ancak şimdiye kalmıştır.

## 7.2 Kızgın veya Dürtüsel Çocuk Modlarını Sınırlamak

Buraya kadar yapılan açıklamalar sonucunda sıklıkla gerçekten şımartılmış, dürtüsel, hırçın veya kızgın tepki verdiğinize ikna olduysanız bu örüntüleri sınırlamak ve azaltmak mantıklıdır. Ancak dürtüsel hareket etmek, kendini biraz şımartmak veya hayal kırıklığının spontan şekilde dile getirilmesi dolu dolu bir yaşamın parçasıdır – burada sınırlanması gereken sadece aşırıya kaçmaktır!

"Aşırıya kaçmanın" nerede başladığını ölçmek için iyi bir yol diğer insanların tepkileridir. Örneğin partneriniz sıklıkla inatçılığınız konusunda hayal kırıklığına uğruyorsa veya arkadaşlarınız sizi pek çok kez bencillikle suçladıysa, bu konuda çalışmak mantıklıdır. Bunu yaparken kendinize mümkün olduğunca dürüst davranın ve çoğu insanın başka birini bencil bulduğunda bunu sadece ender olarak ifade ettiğini göz önünde bulundurun. Sıklıkla kişi bunu sadece kendisi için gerçekten önemli olan insanlara karşı yapar. Çoğu insan uzaktan tanıdığı birini bencil veya şımarık buluyorsa, daha ziyade geri çekilir ve bu insanları kendi fikirleriyle yüzleştirmezler. Bu da şu demektir: Size bugüne kadar iyi niyetli olan ikiden daha fazla kişi olumsuz yorum yaptıysa, bu konuda haklı olabilirler. Tabii ki davranışınız hakkındaki olumsuz bir değerlendirme sadece o durumla ilgili de olabilir ve sizin genel kişiliğiniz hakkında bir şey söylemiyor olabilir. Bununla birlikte bunu sosyal bir bilgi olarak ciddiye almalısınız.

### *Hedefler ve İhtiyaçlar*

Aslında hayatta neye ulaşmak istediğinizi, Kızgın veya Dürtüsel Çocuk Modunuzun bu konuda sizi nasıl engellediğini düşünün. Bunu yapmak için Kızgın veya Dürtüsel Çocuk Modunun avantaj ve dezavantajlarını somut şekilde tartmak çok mantıklıdır. Bu modun size hangi avantajları getirdiğini ve hangi dezavantajları gördüğünüzü özenli bir şekilde inceleyin. Böylelikle çok daha açık bir resme kavuşabilirsiniz. Bu modu değiştirmek istediğinizde hangi engellerle karşılaşacağınız da bu şekilde açıklık kazanmış olur – bunlar da avantajlar tarafında gördüğünüz noktalardır.

#### Vaka Örneği

**Manuel P'nin İnatçı Çocuk Modunun avantaj ve dezavantajları**
*(Bkz. Bölüm 2.2)*

**İnatçı Çocuk Modumun Avantajları:**

- Rahatsız edici şeylerle uğraşmak zorunda değilim.
- Kız arkadaşıma karşı "hırçınlaşmak" ta kendimi haklı hissediyorum. Onun siniri ve hayal kırıklığı bana hemen hemen hiç ulaşmıyor. "Hırçınlık yapmak" rahat bir his.
- Bu sayede rahatsız edici şeyleri kendimden çok güzel şekilde uzak tutabiliyorum.

**Bu modun Dezavantjları:**

- Aslında önemli olan şeyleri halletmiyorum. Böylelikle günlük hayat daha zor hale geliyor ve bu da beni hayal kırıklığına uğratıyor.
- İlişkim bu durumdan zarar görüyor. Kız arkadaşım aslında sevgi ve anlayış dolu birisi ve benim bu şekilde "hırçın" davranışımı hak etmedi.
- Böylelikle sürekli olarak çocuksu bir davranışın içine giriyorum. Bu esasen istediğim bir şey değil. Ben, yetişkinim ve yetişkin olarak davranmak istiyorum.
- Bu modun meslekte de hep rol oynadığını fark ediyorum. Muhtemeldir ki bu şekilde devam edersem ilerleyemeyeceğim. İş arkadaşlarım beni ciddiye almıyor veya bana sinirlenip, benden bıkıyorlar.

**Sandalye diyalogları.** Terapilerde böyle alıştırmalar sıklıkla "sandalye diyalogları" çerçevesinde gerçekleştirilir. Terapist bu amaçla iki sandalye koyar – bir sandalyede Kızgın Çocuk oturur, diğer sandalyede Sağlıklı Yetişkin Modu oturur. Hasta iki sandalye arasında gidip gelir. Bunu, içsel tartışmayı açıklığa kavuşturmak ve hedefleri konusunda daha açık olmak için yapar.

Bazı insanlar bu sandalye diyaloglarını bir terapistin eşliği olmadan da yaparlar. Bu, size önceleri gülünç bile gelse; denemekten çekinmeyin! İki sandalye yerine iki sembol veya bebek kullanmak sıklıkla daha kolaydır. Örneğin 'playmobil' insancıkları veya yumuşak oyuncak hayvanlar gibi. Böylelikle bu hayvanlar (maymun veya timsah?) Disiplinsiz Çocuk Modunu temsil edebilir. Başka bir hayvan (belki beyaz bir ayıcık) Sağlıklı Yetişkin Modunu temsil edebilir. Böylelikle biraz "kukla tiyatrosu" oynayabilir ve bu ikisini birbiriyle konuşturabilirsiniz.

### *Davranışları yönetmeyi öğrenmek*

**Hiddetli, Kızgın Çocuk Modu.** Kızgın veya Hiddetli Çocuk Modunun değiştirilmesi ilgili durumdaki kızgınlık ve hiddeti kontrol etmekle mümkündür. Şimdi bunun çok zor olduğu konusunda bir izleniminiz varsa, kesinlikle haklısınız! Diğer taraftan zor olması, Hiddetli Çocuk Modundaki tepkilerin yerine sizi adım adım ihtiyaçlarınızın giderilmesine yaklaştıracak başka davranış şekilleri koymanın başarılamayacağı anlamına gelmez. Bu değişimin temeli kendi Kızgın Çocuk Modunuzla haşır neşir olmanızda yatar. *(Bkz. "Kızgın/Dürtüsel Çocuk Modum Çalışma Kağıdı, s.187-89)* Bir değişim için özellikle önemli olan; Hiddetli Çocuk Modunuzun tipik olarak hangi durumlarda ortaya çıktığını ve hangi ihtiyaçlarınızın onun odak noktasında durduğunu bilmektir (Özerklik veya kabullenilmek).

## Vaka Örneği

Bölüm 2.2'den tanıdığınız Alexia P. kendinde başkaları tarafından kullanıldığını ve önemsenmediğini hissettiğinde Kızgın Çocuk Modu ortaya çıkmaktadır. Alexia, Kızgın Çocuk Modunun ortaya çıktığı durumların yer aldığı bir liste yapar. Bu durumlarda hangi ihtiyaçlarının tehlikeye girdiğini de not eder:

| **Kızgın Çocuk Modumun Ortaya Çıktığı Durumlar:** | **Hangi İhtiyaçlarım Karşılanmadı?** |
|---|---|
| Eve geliyorum ve çocukların ceketlerini asmadıklarını, öylesine yere attıklarını görüyorum<br>*Tepkim*: Sokak kapısını çarpıyorum ve ceketleri sinirli şekilde ben asıyorum. | Çocuklarım tarafından kendimi kullanılmış hissediyorum. Çocuklarım küçük işleri kendileri hallederek işimi *azaltsın* ve *beni desteklesin* isterdim. |
| Çocuklarım akşamüstü onlarla havuza gitmek için yorgun olduğumu belirttiğimde yakınıyorlar.<br>*Tepkim*: Onlara bundan sonra gündüzleri de işe gidebileceğimi söyleyerek bağırıyorum. Sonra da ağlamaya başlıyorum. | Aileme yaptığım katkının (gündüzleri çocuklar için evde olmak üzere gece vardiyasında çalışıyorum) takdir görmediğini ve aşağılandığımı hissediyorum. Aslında bunu çocuklarımdan beklemek doğru değil. Bu beklentiyi eşime yöneltebilirim. |
| Eşim, benim kötü bir gün geçirmiş olduğumu ve desteğine ihtiyacım olduğunu bilmesine rağmen arkadaşlarıyla futbol izlemeye gidiyor.<br>*Tepkim*: Ona bağırıp, ortadan kaybolmasını söylüyorum. | *Sevgi ve desteğe* ihtiyacım var. Eşime günümü anlatayım ve o beni anlasın isterdim. |

Alexia P. Kızgın Çocuk Modunun tetiklendiği durumlarının benzer olduklarını saptar. Örneğin, bunlar neredeyse tamamen hep ailesi ile ilgilidir. Bu durumlarda bir davranış deneyi için iyi bir temel oluşturur.

**Davranış Deneyleri.** Zor durumların halledilmesi için yeni yollar bulmak amacıyla psikoterapide sıklıkla davranış deneyleri gerçekleştirilir. Bu deneylerin oyuncu şekilde ve alışılmış davranış örüntülerini yıkmak amacıyla istekli ve yaratıcı bir şekilde yapılması önemlidir. Böyle bir davranış deneyinde, insan kendini bilerek, isteyerek "istenmeyen" davranışı (Örneğin öfke patlaması, kapıları çarpmak) sergilediği bir durum içine sokar. Ancak bu kez bilinçli şekilde normalin aksine davranılması planlanır. Bu yeni davranış durumu çözmek için yapıcı bir deneme olabilir – esprili veya abartılı davranışlar olabilir.

**Vaka Örneği**

Alexia P. için aklına böyle bir durum getirmek kolaydır. Çocuklarıyla birlikte kendini sürekli olarak kullanılmış ve önemsenmemiş hissettiği pek çok durumla karşı karşıyadır. Ertesi sabah evin kapısında dururken içeride kendisini hangi kaosun beklediğini gayet iyi bilmektedir. Bir kez derin nefes alır ve eve girer. Beklendiği gibi çocukların ceketleri yerde dağınık şekilde durmaktadır. Bir derin nefes daha alır, ceketini çıkartır ve yerdeki ceketlerin üzerine kendi ceketini atar. En küçük kız annesini selamlamak için gelir ve bu sahneye şaşkın şekilde bakar. Sonunda anne ve kız gülmeye başlarlar.

**Hiddeti nasıl kontrol altına alırım?** Kızgın Çocuk Modunu tetikleyen durumları istenildiği, planlandığı gibi ele almak için çok fazla alıştırmaya ihtiyaç vardır. Aşağıdaki öneriler size bu konuda yardımcı olabilir. Burada amaç tepkileriniz ve davranışlarınız üzerindeki kontrolü öğrenmek veya geri kazanmaktır.

- **Kızgın Çocuk Modunun erken uyarı işaretlerini tanıyın.** Kendinizi en iyi şekilde kendiniz tanırsınız. Eğer ayrıntılı düşünürseniz hangi beden tepkilerinizin (omuzlarınızın karıncalanması) veya düşüncelerin ("bıktım", "umurunuzda bile değilim") Kızgın Çocuk Modunun ilk işareti olduğu aklınıza gelir. Bu işaretlere hızlı tepki gösterirseniz "sakin kafa"yla hareket etmeyi başarırsınız. Öfkenizi göreceli olarak zayıfken göstermeniz çevreniz için de daha iyidir. Eğer çocuk kuyuya düştüyse onu oradan çıkartmak zordur! Bu nedenle öfkenizi ifade etmeyi zamansal olarak çok fazla ertelemeyin.

- **Öfkenizi kademeli olarak ifade etmeyi öğrenin.** Öfkenizi sakin şekilde ifade etmeye başlayın. Eğer karşı taraf sizi dinlemiyorsa öfkenizi biraz daha arttırın. Bu şekilde öfkenizi ifade etmeyi daha dengeli şekilde yapmayı öğrenirsiniz.

- **Kızgın Çocuk Modu kendini gösterdiğinde bazen kısa bir mola yeterli olur.** Bu örneğin bir görüşmede kısa süreli ayağa kalkmak, camı açmak, iki defa derin nefes almak veya kısa bir an için karşınızdakinin kaş veya gözlerine bakmak olabilir. Bu kısa mola, içinde bulunduğunuz durumda esasen ulaşmak istediğiniz amaç konusunda netlik kazanmanız için size yardımcı olabilir.

**Sakinleştirici bir sembol bulmak.** Pek çok insan için sükûnet ve huzurla bağdaştırdığı bir nesne, (örneğin pantolon cebinde taşıyabileceğiniz düz bir taş) bir resim (örneğin dümdüz sakin bir deniz) veya belirli bir şarkı bulmak yardımcıdır. Kritik bir duruma geldiğinizde pantolonunuzun cebine elinizi atarak veya bir şarkı veya resmi hayal ederek yeniden sakinleşebilirsiniz.

**İmgeleme yoluyla alternatif davranış alıştırması yapmak.** Daha önce pek çok kez "zihinsel alıştırma"yı duymuşsunuzdur. İmgeleme alıştırmaları da aynı şekilde işler. Bu, Kızgın Çocuk Modunun tetiklendiği durumlara, farklı şekilde davrandığınızı imgeleyerek hazırlanabileceğiniz anlamına gelir. Örneğin yukarıdaki vaka örneğinde Alexia bu şekilde davranabilirdi.

**Alıştırma**

**Öfkenin sınırlanması amacıyla imgeleme alıştırması**

Bunun için etrafınızın sakin olduğu bir yere rahatça yerleşin. Normalde sinirli tepki verdiğiniz bir durumu hayal edin ve kendinizi o anki duygularınızın içine koyun.

Daha az sinirli olmak için neye ihtiyacınız olduğunu düşünün, ona göre durumu değiştirin. Belki de tüm insanların sizi engellemek ve reddetmek istemediği konusunda garanti verecek birisine ihtiyacınız vardır? Belki de iyi bir arkadaşınızın arkanızda durduğunu ve şefkatli şekilde elini omzunuza koyduğunu hayal edebilirsiniz.

Bunun abartılı öfkenizi göstermediğinizde nasıl devam edeceğini düşünün. Bunun yerine sakin kalarak açık ve somut konuşun - bunu yaparken önemli olan bu durumda karşılanmayan ihtiyaçlar veya aşılan sınırlarınızın açık şekilde ifade edilmesidir!

**"Hırçın" ve Şımarık Çocuk Modu.** Öncelikli olarak önemli olan bu modun avantaj ve dezavantajları konusunda açıklık kazanmak ve kendi amaçlarınızı daha kesin şekilde belirlemektir. Bununla birlikte bu amaçlara ulaşmak için mümkün olduğunca açık bir planın hazırlanması gereklidir. Bu mod o kadar vahşi olabilir ki, düzenli olarak kendine çok fazla yer ister! Burada önemli olan, bu modu hayatınızın nerelerinde kısıtlamak istediğinizi düşünmenizdir.

Şımarık veya "hırçın" çocuk modunu sınırlamak istediğiniz kritik durumların listesini yapın. Bir taraftan ilişkinizde daha az hırçın görünmek isteyebilirsiniz. Yıllardan beri düzenli spor yapmayı istemiş olmanız mümkündür ama Disiplinsiz Çocuk Modunuz size bu konuda "çelme takmıştır." Her şeyden önce neyi değiştirmek istiyorsunuz?

Bunu yaparken kendinize karşı gerçekçi ve dürüst olun. Durumlara göre bunun ne kadar zor olduğunu tahmin etmeye çalışın. Gelecekte kahvaltı sofrasını her seferinde partnerinize toplatmak yerine sizin de biraz yardımcı olmanız herhalde göreceli olarak kolay bir adım olacaktır. Bugüne kadar kapının önüne sadece arabaya binmek için çıkıyorsanız ve sebze sizin için dehşet verici bir şeyse; bugünden yarına mantıklı bir yemek davranışı geliştirmeye geçmek ve iki günde bir jogging yapmak herhalde zor bir adım olacaktır.

Bu nedenle değişiklikleri nasıl hayata geçirebileceğiniz konusunda gerçekçi bir plan yapın. Burada ödüllendirme de çok önemlidir! Yıllardır yerleşmiş davranış örüntülerinizi değiştirir ve kendinizi aşarsanız kendinizi takdir etmelisiniz. Bu sizin büyük bir başarınızdır!

Siz en iyisi çeşitli adımlar ve dönüm noktalarına ulaştığınızda kendinizi nasıl ödüllendireceğinizi önceden planlayın.

**Vaka Örneği**

Manuel P. son zamanlarda kız arkadaşıyla gittikçe artan çatışmalar yaşamaktadır. Bu nedenle daha disiplinli ve daha az hırçın olmaya karar verir. Ama bu konuda sadece karar vermek herhangi bir şeyi değiştirmesine yetmez. Bu nedenle kendisine daha somut hedefler koyar ve daha önce alışkanlık olarak hiç ilgilenmediği görevlerden ikisini her hafta gerçekleştirmeye karar verir. Bunu başarır ve kız arkadaşı da değişiklik üzerine memnuniyetini gösterir. Bununla beraber bunun sadece bir başlangıç olduğu ve Manuel'in gitmesi gereken "uzun" bir yol olduğu açıktır.

Kendinize karşı çok sert olmayın! Eğer bazen hırçın veya şımartılmış şekilde abartılı tepki gösterdiğinizi kendinize itiraf edebiliyorsanız bu büyük bir ilerlemedir. Sadece bu bile saygıyı hak eder. Bunu değiştirmek uzun vadede olacaktır, bir günde olmaz. Tabii ki bir veya birkaç "şımarıklığı" kendinizde tutabilirsiniz – burada sadece seçtiklerinizin eşinizi en fazla kızdıranlardan olmamasına dikkat edin. Ve unutmayın ki farklı modlar genellikle beraber gelirler. Bazen daha öncelikli olarak diğer modlardan biriyle, örneğin İncinmiş Çocuk Modu ile veya Uyum

Bozucu Baş Etme Modu ile çalışmak daha önemlidir. Bu konuyla ne kadar çok uğraşırsanız, kendinize yönelik duygularınız ve hangi konuların o anda ön planda olduğu konusundaki hissiyatınız da o kadar gelişecektir!

# 8 Mutlu Çocuk Modunu Güçlendirmek

Özelikle mutlu çocuğunuz hayatınızda çok fazla yer tutmadıysa öncelikli olarak çok önemli olan sevgi dolu bir iletişime girmektir. Eğlenceli faaliyetlerin kolaylıkla önerilmesi ve "çocukluğunuzdaki gibi oyun oynayın, bunun ne kadar güzel bir şey olduğunu anlayacaksınız" denmesi herhalde çok az insanda işe yarar.

Sıklıkla bu kadar kolay olmayabilir – çoğu insan kiminle eğlenebileceğini çok iyi bilmeyebilir. Diğer taraftan bunu yaparken eğleneceklerini düşünmezler çünkü Cezalandırıcı Ebeveyn Modunun buna izin vermeyeceğini hissederler. Ama bu insanlar da Mutlu Çocuk Modlarını güçlendirebilirler ve güçlendirmek zorundadırlar – herhalde buna herkesten daha fazla ihtiyaçları vardır! Ama bu hiç de kolay olmayacaktır ve "bir çırpıda" halledilmeyecektir.

## 8.1 Mutlu Çocuk Modunuzla İletişim Kurmak

İncinmiş ve Kızgın Çocuk Modlarında gördüğünüz gibi imgesel alıştırmalar "içinizdeki çocuğa" ulaşmak için size iyi bir olanak sağlar. Mutlu Çocuk Modunuzla iletişim kurmak için bu alıştırmaları yapmak iyi bir yoldur.

**Alıştırma**

**Mutlu Çocuk Moduyla iletişim kurmak**

Yatağınıza veya bir kanapeye, koltuğa rahatça uzanın. Gözlerinizi kapatın. Bunu yaparken nefes alış-verişlerinize dikkat ederek rahatlayın. Ve kendinizi hayatınızda mutlu olduğunuz durumların içinde hayal edin. Böyle durumlar çocukluk anıları olabilir - belki yılbaşları her zaman güzel durumlar olmuştur. Veya teyzenizde geçirdiğiniz bir tatil çok özel, güzel bir anınız olabilir. Ama bu durumların son zamanlardan olması da mümkündür - arkadaşlarınız veya ailenizle bir gezi, güzel bir eğlence veya güzel bir tatil... Bu anıların gözünüzün önüne getirilmesi ve geri çağırılması sadece bu bilgilerin anımsanması sağlamaz, aynı zamanda bizi bu anılarla ilintili duyguların da içine sokar. Burada önemli olan durumu duyularınızla imgeleyerek yeniden yaşamanızdır. Yılbaşını düşündüyseniz belki mumların kokusunu veya sıcak kakao ve kurabiye kokusunu hatırlıyorsunuzdur. Tatili anımsarken teninizin üzerindeki güneşi ve rüzgarın ağaçlara yansımasını hatırlamaya çalışın. Böyle duyusal anılar ilgili durumla bağlantılı duygularla temas kurulmasını kolaylaştırırlar. Böyle duyguların içine kendimizi koyarsak bugünkü yaşamımız için karşılaştırılabilir aktivite ve fikirlerin geliştirilmesi kolaylaşır.

Belki de güzel bir anıyı "geri çağırdığınızda" bugün Mutlu Çocuk Modunuz için aktiviteleri hayata geçirmenin daha kolay olduğunu fark edeceksiniz. Birisi size mutsuz bir anınızda "seni ne mutlu eder? Kendin için güzel bir şey yapamaz mısın?" diye sorduğunda kendinizi herhalde sadece yanlış anlaşılmış hissedersiniz. Ayrıca böyle bir durumda herhalde aklınıza hiçbir şey gelmez. Ama aynı soruları kendinize mutlu anıları geri çağırdıktan sonra sorsanız, aklınıza bir şey gelme olasılığı çok daha yüksektir.

Bu fenomene psikolojide ➤Duygu Köprüsü denir. Kendinizi mutlu bir anıya geri götürdüyseniz benzer duyguyu tetikleyen bir "köprü" bulmaya çalışın. Bu köprü aynı zamanda gelecekte de benzer şekilde kullanılabilir olacaktır. Duygu Köprüsü'nü başka insanlarda da gözlersiniz. Bu etki tüm insanlar için yani sizin için de geçerlidir.

## Vaka Örnekleri

**Örnek 1**

Lisa L. Sıklıkla kendini yalnız ve mutsuz hissetmektedir. Ebeveyninden çok sabit normlar almıştır ve aldığı dini eğitim nedeniyle kendine karşı çok serttir. Kendisine hiçbir şeyi layık görmez. Bununla birlikte terapisti Mutlu Çocuk Modunun hayatında daha büyük rol oynaması gerektiği konusunda onu ikna etmiştir. Bu nedenle kendisini mutlu çocuk anılarına geri götürmektedir. Cemaatiyle yaptığı geziler aklına gelir. Grupça yaptıkları bir göl gezisinin anısına geri döndüğünde kendisini özellikle rahatlamış ve mutlu hisseder. Orada bir dondurmacıya gitmişlerdir. Çikolata parçacıklı vanilyalı ve limonlu dondurma yemiş ve tadını harika bulmuştur.

Ertesi gün hava çok sıcaktır ve bir dondurmacıya gider ve aynı dondurma çeşidini alır. Güneşte, parktaki bir banka oturup dondurmasını yer. Bunu yaparken kendisini biraz melankolik ama aynı zamanda mutlu hisseder.

**Örnek 2**

Silke U. son zamanlarda Mutlu Çocuk Modu ile daha fazla ilgilenmektedir. Hangi durumların bu moda girmesine yardımcı olduğu sorusuyla sıklıkla uğraşmıştır. Bunu yaparken rahat, neşeli kadınlarla iletişimin kendisine çok iyi geldiğini fark etmiştir. Anılarına imgesel bir yolculuk yaptığında bu duygunun aynısını kendisine yaşatan teyzesi Elfi'ye rastlar. Bu imgelemede gülümser ve bu tarz ilişkilerin kendisine onu hatırlatmasını çok iyi anlar. Gelecek için anaokulundaki oğlunun arkadaşlarının aynı özelliklere sahip rahat, neşeli anneleriyle olan ilişkilerini yoğunlaştırmaya karar verir. Bunun için anaokulunda örneğin bitpazarının organize edilmesi, yaz festivalinde kek tezgâhının açılması gibi doğal fırsatlar bulunmaktadır.

Bu aktiviteler çok heyecan verici veya eğlenceli olmasa da Silke için kolay, hoş ve neşelidirler.

## 8.2 Mutlu Çocuk Modunu Güçlendirme Alıştırmaları

Bir sonraki adım Mutlu Çocuk Modunuzu destekleyebileceğiniz bazı aktiviteleri ele almak ve yoğunlaştırmaktır. Burada önemli olan yaşamda her şeyde olduğu gibi doğru doz ve iyi bir dengedir. Kendi hayatınıza gelecekte sadece Mutlu Çocuk Modunun egemen olacağı anlayışı ile yaklaşmak tabii ki mantıklı olamaz. Sonuç olarak insanların en mutlu olacağı durum hayatlarında farklı şeylerin iyi şekilde dengede olması ile mümkündür. Bunun için Mutlu Çocuk Modunun yanısıra, "yetişkin" halde sorumluluğu üstlenmek ve görevlerin yerine getirilmesi de buna dahildir.

Mutlu Çocuk Modunu tetikleyen durumlar çok kişiseldir! Bazı insanlar oyuncak trenlerle saatlerce kendilerini rahatlatırken, başkaları bu uğraştan sıkılabilirler. Bu nedenle kendi mutlu çocuk durumlarınızı aramak yolunda sizi cesaretlendirmek istiyoruz. Bununla birlikte bazı insanlar, özellikle de yaşamlarında mutlu çocuk çok az rol oynayanlar, Mutlu Çocuk Modunu neyin ortaya çıkarttığı konusunda fikir sahibi değildir. Bu nedenle size aşağıda içinde bazı canlandırmalar bulunan bir liste sunuyoruz. Mutlu çocuğun önemli bir özelliği de çocuğun oyuncu ve meraklı olmasıdır. Hadi şimdi yeni bir şey deneyin!

### *Mutlu Çocuğu çağırmak*

Mutlu Çocuk Modu aşağıdakiler ile tetiklenebilir:

- Kendini sonbahar yaprakları içine atmak;
- Yüksek sesle şarkı söylemek;
- Çocuklarla iddiaya girmek;
- Güneşin göbeğiniz üzerinde parlaması;
- Taklalar atmak;
- Yağmurda yürüyüşe çıkmak;
- Müziğin sesini sonuna kadar açmak;
- Yastık kavgası başlatmak;

- Başkalarına gülümsemek;
- Yavru hayvanlarla oynamak;
- Doğanın sesini dinlemek;
- Kaşıkla kavanozdan çikolata yemek;
- Açık havada badminton oynamak;
- Örtülerden bir mağara yapmak;
- Küvetin içine gereğinden fazla duş köpüğü koymak;
- .....

Mutlu Çocuk Modunuz ile iletişim kurduktan sonra sizin için bunu güçlendirecek şeyleri yapmak daha kolay olacaktır. Şimdi sizi neyin mutlu ve neşeli yaptığını daha iyi biliyorsunuz. Şimdi önemli olan soru bunu günlük yaşamınıza nasıl uyarlayacağınızdır. Aşağıdaki noktalar bunu yaparken önemlidir:

**Mutlu Çocuk Modunu desteklemek için zamana ihtiyacınız vardır!** Teyzeniz Rosi ile arada sıra 10 dakikalık telefon görüşmeleri planlıyorsanız muhtemelen başarısız olacaksınız. Öncelikle, ona istediğiniz her zaman ulaşamayabilirsiniz. İkincisi 10 dakika çok çabuk geçer, iyisi mi siz 1 saatlik bir plan yapın!

"Küçük adımlar" prensibini takip edin! Mutlu Çocuk Modu hayatınızda bugüne kadar kendini çok az gösterdiyse, çok çabuk ve tüm muhteşemliğiyle birden ortaya çıkamaz. Mutlu çocuğunuzu cezbetmek zorundasınız ve şuna güvenebilirsiniz: Küçük çocuk buna çok sevinecektir ve bu küçük adımlar zamanla kocaman bir yol oluşturacaktır!

Gerçekçi kalın! Yaşamda çok çeşitli yüklere sahip insanlar, mutlu çocuk için neredeyse hiç zaman ayırmazlar. Burada hedef uzlaşmaktır. İki haftada bir havuza gitmek, hiç gitmemekten daha iyidir!

Başkalarını da işin içine katın! Eğer hem mesleğiniz, hem de aileniz ile ilgili görevleriniz varsa, mutlu çocuk için saatler süren molalar almak, işinizden ve ailenizden zaman almak anlamına geleceği için mantıklı olmayacaktır. Cumartesi günlerini sadece kendinize ayırırsanız, en geç üçüncü cumartesi günü çocuklarınızla tartışma yaşarsınız... Bu sorunun iyi bir çözümü mutlu çocuk aktivitelerini başkaları ile birlikte başlatmaktır! Beraberce komik, güzel ve rahatlatıcı şeyler yapmak zaten tüm ailenize iyi gelecektir! Ayrıca Çocuk Modu özellikle başkalarıyla eğlenip sevindiği zaman mutludur.

Ruhsal durumunuza dikkat edin! Mutlu Çocuk Modu "demir bir çubuk" ile cezbedilemez. Güncel hayatınızda Mutlu Çocuk Modu için kendinize bir "ada" planlamış olsanız bile belirli durumlar sizin bu planınıza engel olabilir. İşiniz canınızı sıktıysa öncelikli olarak Sağlıklı Yetişkin Modu (Bkz. Bölüm 5) ile uğraşmak daha iyi olabilir. Siz iyisi mi, Mutlu Çocuk Modunuza başka ruhsal durumlarda vakit ayırın.

Umuyoruz ki bu bölümde kendiniz için pek çok teşvik bulmuşsunuzdur. Mutlu Çocuk Modu için her zaman doğru zamandır ve bu modu kesinlikle gözden kaçırmamanız gereklidir! Özellikle de uyum bozucu bir modla (Örneğin Cezalandırıcı Ebeveyn Modu ile) mücadele ettiğinizi hissediyorsanız hayatınızda Mutlu Çocuk Moduna mümkün olduğunca fazla yer vermelisiniz.

# 9 Uyum Bozucu Ebeveyn Modlarını Sınırlandırmak

Üçüncü Bölüm'de Uyum Bozucu Ebeveyn Modları konusu altında, bizi baskı altına sokan bu tür içsel seslerin nereden geldiğini ele almıştık. Bu modlarda bazen kendimizi olduğumuzdan aşağıda değerlendiririz. Kendimizden nefret ederiz veya kendimiz olduğumuz için utanırız. Bu bölümde bu özelliklerin iki adımda nasıl değiştirilebileceği gösterilmektedir.

İlk adım, bir çeşit envanter hazırlamaktan oluşur. Bunun anlamı hangi kritik içsel seslerin sizi takip ettiği, kimlerin bunları sizin içinize yerleştirdiği, hayatınızda ne zamandır ve hayatınızın neresinde etkili olduğunun toplanması ve açıklığa kavuşturulmasıdır. İkinci adımda ise konu bu seslerin etkisini azaltmak veya –kuvvetli bir Cezalandırıcı Ebeveyn Modunda– tamamen sessiz duruma getirmektir. Burada önemli olan Sağlıklı Yetişkin Modu ile Uyum Bozucu Ebeveyn Modu arasında kesin bir ayrım yapmaktır! Sağlıklı Yetişkin Modu da kendinden bir şeyler beklemeyi, hatta bazen kendini zorlamayı bilir. Tabiri caizse "İyi Ebeveyn" Modudur. Uyum Bozucu Ebeveyn Modları size zarar verdikleri yerde azaltılmalıdır. Çünkü kendi ihtiyaçlarınıza izin vermenizi yasaklarlar veya size sınırlarınızı aşmanızı dikte ederler. Eğer kendinizi reddiniz ve eleştiriniz tamamen kendinizden nefret halinde görünürse, bu modunuzun çok kuvvetli olduğunu gösterir ve etkisi azaltılmak zorundadır – size sağlıklı, yapıcı, öz eleştirel gibi görünse de.

## 9.1 Uyum Bozucu Ebeveyn Modları ile İletişim Kurmak

İçsel Çocuk Modları ile iletişim kurmak konusunda tekrar tekrar imgesel alıştırma önermiştik. Bu konuda imgesel alıştırmaları dikkatlice ele almalısınız zira daha önce aşağılandığınız, cezalandırıldığınız veya kullanıldığınız durumları hayalinizde canlandırırsanız, bunlar sizi içinden yardımsız zor çıkacağınız, çok olumsuz bir ruh haline sokabilir. Bu nedenle aşağıdaki imgeleme alıştırması şu ana kadar gördüklerinizden biraz daha "temkinlidir".

**Alıştırma**

**Uyum Bozucu Ebeveyn Modlarını tanımak**

Rahat bir yere yerleşin ve gevşeyin. Ardından - objektif bakıldığında çok rahat ele alabileceğiniz ama son günlerde kendinizi kuvvetli şekilde baskı altında hissettiğiniz bir durum düşünün. Ne zaman kendinizi güçlü şekilde reddedilmiş, az sevilmiş veya kuvvetli şekilde bir şeyi yapmaya zorlanmış hissettiniz?

Sonrasında konunun ne olduğunu düşünün. Ne yapmak zorundaydınız, kendinize hangi konuda izin veremediniz, hangi nedenle kendinizi reddettiniz? Kendinizi aslında yapmak istediğiniz şeyi yapsaydınız nasıl hissederdiniz? Kendinizi bir kaybeden olarak mı görürdünüz, bir hain gibi kendinizi suçlu mu hissederdiniz veya kendinize ait hiçbir hakkınızın olmadığını mı hissederdiniz? Bu sorulara verilecek cevaplar Ebeveyn Modunu daha kesin karakterize etmenize yardımcı olacaktır.

Eğer konu suç veya başarısızlık ise bunun arkasında büyük olasılıkla Talepkâr Ebeveyn Modu vardır, suçta daha çok Duygu Odaklı Talepkâr Ebeveyn Modu, başarısızlıkta ise Başarı Odaklı Talepkâr Ebeveyn Modu vardır. Utanç, kendinden nefret ve tehdit korkusu ön planda ise ebeveyn modunuz daha ziyade cezalandırıcıdır.

Daha önceki bölümlerde olduğu gibi aşağıdaki sorular güçlü bir Cezalandırıcı Ebeveyn Modunuz olup olmadığını anlamanız konusunda size yardımcı olacaktır.

Bu ebeveyn modunun hangi hisle konuştuğunu hissetmeye çalışın. Bu "ses" size tanıdık geliyor mu? İnsanlar genellikle hızlı ve spontan şekilde hangi kişilerin çocukluklarında bu ebeveyn modunu içlerine yerleştirdiklerini bilirler. Bunu anlamak önemlidir çünkü alıştırmalarda (Bkz. sayfa...) konu, bu sesi sessizleştirmek veya tamamen susturmak olacaktır. Bu nedenle sesin aslında nereden geldiğini anlamak iyidir.

İncinmiş Çocuk Modlarının aksine Cezalandırıcı veya Talepkâr Ebeveyn Modunuzun içine tamamen girmeniz önerilmez. Lütfen bu alıştırmalarda önceleri rasyonel düşünen bir düzlemde kalın ve çok yoğun şekilde kendinizi bu hislerin içine kaptırmayın. Sadece dikkatli ve adım adım ilerleyerek gözleriniz kapalı şekilde yoğun bir resimsel imgelemeye girin ve ne yapabileceğinizi ve ne istediğinizi çok dikkatlice tartın! Özellikle kuvvetli Cezalandırıcı Ebeveyn Modları hızlı şekilde "duygu dümenini ele geçirebilir" ve böylelikle de sonrasında kendinizi çok kötü hissedersiniz. Bu nedenle alıştırma sırasında kendinize çok dikkat edin! Eğer baskıcı duyguların ortaya çıktığını fark ederseniz yakın zamanda bu konu hakkında kiminle konuşabileceğinizi düşünün. Bu sizin üzerinizdeki yükü muhtemelen azaltacak ve sizi rahatlatacaktır.

Özellikle Kuvvetli Cezalandırıcı Ebeveyn Modlarında, öncelikle aşağıdaki sorularla düşüncesel olarak uğraşmanızı, geçmişiniz ve güncel durumunuz üzerine düşünmenizi öneririz.

### *Benim "Aile Mesajlarım" nereden geliyor ve ne diyorlar?*

Çocukluğumuzda ve gençliğimizde bizden sıklıkla çeşitli kişiler tarafından disiplin, başarı, alçakgönüllülük... talep edilir. Bunlar bazen tekrar tekrar duyduğumuz ve hafızamızda kalan açık cümlelerdir. Örnek olarak şöyle atasözü veya deyimler:

"Ancak bir eşek önce kendisinden bahseder. / İyi bir kız ellerinden belli olur." Bazen bunlar özellikle belirli bir insanın tipik cümleleridir. Örneğin "şimdi beni yeniden kızdıracak mısın?"

Cezalandırıcı Ebeveyn Modunun ön planda olduğu insanlar çocukken çok daha kaba adlandırmalarla karşılaşmışlardır. Bunların içinde ad yerine küfürle çağrılma da bulunur. Örneğin hastalarımızdan biri çocukken babası tarafından her zaman "Sıfır Numara" olarak adlandırılmıştır.

Ekte bulunun "Ebeveyn Mesajlarını Tanımlamak" Çalışma Sayfaları yardımıyla çocukluğunuzdan ve gençliğinizden hangi mesajların içinizde "gömülü" olduğu konusunda bir liste yapın. Bu mesajların hangilerinin bugün bile bir rol oynadığını ve hangilerinin artık etkili olmadığını hissetmeye çalışın. Bu değişik cümlelerin şimdiki hayatınızda taşıdığı önem nedir? Sizi hangi duygulara götürüyorlar? Hangi davranış şekilleriniz bunlara dayanıyor ve onlarla kendinizi nasıl hissediyorsunuz?

**Bir ayrım yapın: Sağlıklı Yetişkin bugün hangi kural ve mesajlardan memnun, hangileri ise artık yararlı değil?**

Aile mesajlarından bazılarının haklı, iyi ve size yardımcı olduğunu düşünmeniz kesindir. Sıklıkla ebeveynleriniz veya sizi eğiten insanlar örneğin disipline büyük önem vermişlerdir. Bu size şimdi rahatsız edici ve sıkıcı görünse de, belki de bunun size verilmiş olmasından memnunsunuzdur. Veya başkalarıyla ilgilenmeyi iyi şekilde öğrenmişsinizdir ve bu sayede çocuklarınıza iyi bir baba olmuşsunuzdur.

Bu tür "iyi" mesajlar Şema Terapi konseptine göre Sağlıklı Yetişkin Modunun bir parçasıdır. Onun amacı başarıya ulaşmak ve kuralları izlemektir *(Bkz Bölüm 5)*. İyi ve kötü mesajların arkasında sıklıkla kişinin yaşamı boyunca edindiği belirli hayat kuralları yatar. Kuşkusuz ki bu mesajların arasında sizi baskı altına sokan, size veya bir başkasına gerçekten de yardımcı olmayan mesajlar da vardır. Bu, özellikle Cezalandırıcı Ebeveyn Modunun sizi kuvvetle değersizleştirdiği konular için geçerlidir. Eğer bu nedenle kendinizi iyi hissetmiyorsanız bu mesajların yaşamınıza olan etkisi güçsüzleştirilmelidir. Sıklıkla olduğu gibi burada konu, ölçünün doğru şekilde belirlenmesidir – disiplin ve eleştiriyi kaldırabilme yeteneği esasen istenir ama sürekli kendini eleştirmek ve abartılı başarı baskısı sizi felç ve mutsuz eder.

Ekte bulunan "Ebeveyn Mesajları" Çalışma Sayfaları sayesinde hangi "ebeveyn mesajlarınızı" Sağlıklı Yetişkin, Cezalandırıcı veya Talepkâr Ebeveyn Modunda sınıflandırdığınızı görün. Bu ayrımı yapabilmek için ilgili modların özelliklerini öğrenmiş olmalısınız. Bunlar kitabın başında tarif edilmişlerdi *(Bkz Bölüm 3 ve 4)*.

Ebeveyn mesajlarınızı Sağlıklı Yetişkin ve Uyum Bozucu Ebeveyn Modlarına ayırdıktan sonra, bir sonraki adım olarak bu mesajların hangilerini bundan sonrasında da izlemek ve hangilerinin etkilerini azaltmak istediğiniz konusunda karar vermelisiniz. Bunu yaparken Sağlıklı Yetişkin'e sınıflandırdığınız cümleleri korumanız ve sizi baskı altına sokan Talepkâr veya Cezalandırıcı Ebeveyn cümlelerini değiştirilecekler listenize koymanız mantıklıdır. Bunu yaparken kuralların hangilerini biraz daha yumuşatılmış cümlelerle revize edeceğinizi düşünmeniz de mantıklıdır. *(Bkz. Bölüm 2–1.2)*

## Vaka Örneği

Bölüm 3'ün başında farklı Ebeveyn Modlarına sahip Miriam, Andrea ve Martin ile tanışmıştınız. Bu üç kişi kendileri için birbirinden çok farklı Ebeveyn Modları hazırladılar:

| Miriam'ın Ebeveyn Mesajı | Biyografik Köken | Mod |
|---|---|---|
| (1) Başkalarıyla ilgilenmezsen kötü bir insansın! | Anne | Talepkâr Ebeveyn Modu |
| 2) Hislerin ve ihtiyaçların hiçbir rol oynamıyor! | Anne | Cezalandırıcı Ebeveyn Modu |
| (3) Çaba gösterirsen amaçlarına ulaşabilirsin. | Baba, öğretmen | Sağlıklı Yetişkin |

Miriam, birinci hayat kuralını değiştirmek istiyor. Bu kural gelecekte şöyle olmalı: "Başkalarıyla ilgilenmek güzel bir şey. Ama senin kendi ihtiyaçların da önemlidir ve başkalarının ihtiyaçlarıyla karşılıklı tartılmalıdır." İkinci hayat kuralı "silinmelidir" çünkü Miriam'ın hayatı için yararlı bir arka plan yaratmamaktadır. 3. kuralda Miriam bu kuralın kendisine çok yardımcı olduğunu ve kendisine ağır yüklenmeye yol açmadığını hissetmektedir. Bu nedenle, bu kural Sağlıklı Yetişkin'e sınıflandırılır ve sonrasında da Miriam'ın yaşamında yönlendirici rol oynamalıdır.

| Andrea'nın Rahibe Mesajı | Biyografik Köken | Mod |
|---|---|---|
| (1) İyi bir şey yemene izin yok! | Rahibeler | Cezalandırıcı Ebeveyn Modu |
| 2) Eğlenceyi hak etmedin! | Rahibeler | Cezalandırıcı Ebeveyn Modu |
| (3) Keyife olan ihtiyacın kötü; keyif kötüdür! | Rahibeler | Cezalandırıcı Ebeveyn Modu |
| (4) Hata yaparsan, sen bir "kaybeden"sin! | Rahibeler | Cezalandırıcı Ebeveyn Modu |

Rahibelerden aldığı mesajlar Andrea'nın yaşamı için kendi duygu ve ihtiyaçlarına sahip çıkmasına ve kendisiyle ilgilenmesine hak vermemektedir. Bunlar her şeyden önce Andrea'nın kendisinden, bedeninden ve ihtiyaçlarından nefret etmesine ve bunları reddetmesine neden olmaktadır. Andrea daha mutlu bir hayat sürdürmek amacıyla tüm bu cümlelerde azaltma yapmaya karar verir.

| Martin'in Ebeveyn Mesajı | Biyografik Köken | Mod |
|---|---|---|
| (1) Önce iş sonra eğlence! | Ebeveyn Modeli | Talepkâr Ebeveyn Modu |
| 2) İyi olman, kendini iyi hissetmen önemlidir. | Ebeveyn İfadesi | Sağlıklı Yetişkin |

Martin'i mesleğinde başarıya ve vicdanlı davranmaya iten Talepkâr Ebeveyn Modu cümleleri kafasındadır. Aynı zamanda ebeveyninden mesleğinin yanı sıra başka ilgi alanları olmasının ve kendisiyle iyi ilgilenmesinin iyi ve önemli olduğu fikrini almıştır. Bu nedenle Talepkâr Ebeveyn Modunun yanında Kuvvetli bir Sağlıklı Yetişkin yer alır.

Talepkâr Ebeveyn Modunun taleplerini azaltmayı ister. Kural, gelecekte şöyle olmalıdır: "İş önemlidir ve başarılıysan bu iyidir ama denge sağlanmalıdır, çalışmak her şey değildir!"

## 9.2 Ebeveyn Mesajlarının Azaltılması

Bundan sonraki konu Uyum Bozucu Ebeveyn Modlarını nasıl değiştireceğiniz üzerinedir. Öncelikle önemli olan kişinin kendisi için yeni hayat kuralları tanımlaması ve ebeveyn mesajlarının gerçekliğinin kontrol edilmesidir. Sonrasında Uyum Bozucu Ebeveyn Moduna daha yüksek sesle karşılık vermeyi ve yaşamınız üzerindeki etkisini azaltmayı öğrenebilirsiniz.

**Yeni hayat kuralları bulmak.** Talepkâr veya Cezalandırıcı Ebeveyn Modlarına ait hayat kurallarının yerine sağlıklı yetişkine ait ne gibi kurallar koyabileceğinizi düşünün. Aşağıda iki örnek göreceksiniz. Buna kendi örneklerinizi eklemeyi deneyin.

**Ebeveyn mesajlarının gerçekliğini kontrol etmek.** Ebeveyn mesajlarıyla uğraşmaya başladığınızda ebeveyn modunuzun haklı olduğu konusunda kuşkuya düşebilirsiniz. Bu kuşku çok normaldir çünkü ebeveyn modu çok uzun zaman sizin kişilik resminize ait olmuştur. Eğer bu değer azaltan ses yeteri kadar yüksekse, kişi sıklıkla psikolojide ➛Algıda Seçicilik geliştirir. Aşağıdaki örnekte bu daha kolay anlaşılacaktır.

| Talepkâr Ebeveyn Modunun Mesajları | Sağlıklı Yetişkinin Alternatif Hayat Kuralı |
|---|---|
| Başkalarıyla ilgilenmezsen kötü bir insansın! | Başkalarına yardımcı olmak benim için çok önemlidir. Bunun için yeteri kadar gücüm olması amacıyla kendimle de ilgilenmem önemlidir. |
| Önce iş, sonra eğlence! | Benim için görevleri özenli şekilde halletmek önemlidir. Buna rağmen hayatta iyi bir dengeye sahip olabilmek için kendime de birtakım şeyleri hak görmeye dikkat etmeliyim. |

**Vaka Örneği**

Sandra P.'nin Cezalandırıcı Ebeveyn Modunun mesajı şöyledir: "Çok çirkinsin, bu nedenle asla bir erkek bulamayacaksın." Çok uzun zaman boyunca duyduğu için, bu ses algısını da etkilemiştir. Aynaya baktığında tek gördüğü çok büyük olduğunu zannettiği burnudur. Güzel gözleri ve saçlarını hiç fark etmez. Aynı şekilde yıllardır birlikte tenis oynadığı yakın arkadaşının kendine âşık olduğunu da fark etmemektedir.

Talepkâr ve Cezalandırıcı Ebeveyn Modunuzun haksız olduğuna dair kanıtlar ve gerçekler bulmayı deneyin. Bu başta kolay gelmeyecektir ama hemen vazgeçmeyin. Ebeveyn Moduna karşı çıkmak çok alıştırma gerektirir. Ekteki "Ebeveyn Moduna Karşı Çıkmak" başlıklı çalışma bu konuda konuda size yardımcı olabilir. Eğer bunun sizin için çok zor olduğunu fark ederseniz, yakınlık hissettiğiniz bir insanla ebeveyn modunun mesajlarını kontrol etmek sizin için büyük bir yardım olabilir.

Hangi mesajların hayatınız üzerindeki etkisini azaltmak istediğinizi belirledikten sonra Ebeveyn Modunun/seslerinin etki ve gücünü azaltma görevine sıra gelir. Bu da bazen çok uzun soluklu bir görev olabilir. Hangi mesajları öncelikle "ele almak" istediğinizi araştırın.

***Ebeveyn mesajlarını araştırmak için alıştırmalar***

➤ **Sembollerin kullanımı.** Bir nesneyi (örneğin küçük bir bebek, taş, deniz kabuğu, dur işareti vs. gibi) sembol ve anı olarak yanında taşımak sıklıkla yardımcı olabilir. Bu, insana belirli bir ebeveyn mesajının artık arkasından gitmek istemediğini hatırlatabilir. Örnek olarak masanızın üzerindeki küçük bir dur işareti, size sınır koymayı ve tüm ek görevlere "evet"dememeyi hatırlatabilir.

➤ **Kendinize yazdığınız bir kart veya mektup.** Belirli bir ebeveyn cümlesini azaltma çabanızın güçlendirilmesi için kendinize bu değişim adımı hakkınızın bir kez daha vurgulandığı bir kart yazabilirsiniz.

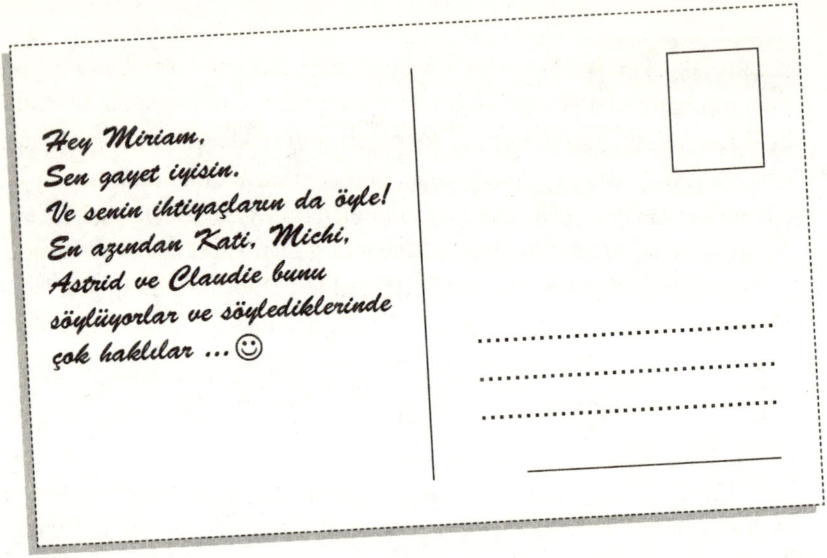


➤ **Başkalarından alınan yardım.** Böyle bir kart ihtiyaçlarınızı bilen insanların cümlelerinin de üzerinde yer alması ile daha da etkili duruma gelebilir. Veya Ebeveyn Modunuza karşı gelen kişilerin resimlerini bilgisayarınıza ekran koruyucu olarak koyabilirsiniz. Bu sayede ekrana her bakışınızda niyetiniz bir kez daha onaylanmış olur. (Örneğin; eşiniz, aileniz, kız arkadaşınız)

Güçlü bir Cezalandırıcı Ebeveyn Moduna sahipseniz (örneğin Bölüm 3'teki Andrea gibi) yukarıdaki önerileri hayata geçirmek sizin için muhtemelen oldukça zor olacaktır. Çünkü Cezalandırıcı Ebeveyn Modu bununla alay edecek veya bunu size yasaklayacaktır. Olasılıkla daha sonrasında suçluluk hissi duyacak veya Ebeveyn Modunun gittikçe daha da güçlendiğini hissedeceksiniz.

Böyle durumlarda başkalarından alacağınız yardım özellikle önemlidir. Ebeveyn Modu ile ilintili konuları başka insanlarla konuşarak bunu gerçekleştirebilirsiniz. Sıklıkla bu konuyu profesyonel olarak ele alabien bir terapiste ihtiyacınız olacaktır.

Başka insanların desteği hayali de olabilir. Pek çok insan bunu tamamen otomatik olarak yapar – bir sorunları olduğunda veya bir konuyla ilgili tasalandıklarında, konuyu kendilerini destekleyen ve ihtiyaçlarına hak veren biriyle konuştuklarını tasavvur ederler. Bu fenomen size tanıdık geliyor mu? Bu, çoğu zaman otomatik olarak gerçekleşir. Eğer Cezalandırıcı Ebeveyn Modunuzun yine size bir şeyler yasaklamak istediğini veya ihtiyaçlarınızı giderme hakkınızı reddettiğini hissettiğinizde; "içinizdeki yardımcı" ile konuşmayı ve iletişim kurmayı deneyebilirsiniz. Başkalarını içsel yardımcı olarak kullanma alışkanlığınız bulunmuyorsa, bunu denemelisiniz – bu belki size de yardımcı olur!

Alıştırma

**İçsel Yardımcı Alıştırması**

Eminiz ki; Cezalandırıcı Ebeveyn Modunuzun tortuları hâlâ mevcuttur. Ama lütfen bir kez de; yaşamınızda Cezalandırıcı Ebeveyn Modunu içinize yerleştiren insanlardan size çok daha farklı bir bakışa sahip hangi kişiler var ve vardı, bunu düşünmeyi deneyin. Bu, örneğin çocukluğunuzda büyükanneniz veya sevgi dolu teyzeniz olabilir ya da belki de iyi bir arkadaş veya eşinizdir.

Eğer böyle bir "içsel yardımcı" bulduysanız Cezalandırıcı Ebeveyn Modunuzun kontrolünde olan bir durumu ele alabilirsiniz. Belki de tek suçlu olmamanıza ve biraz hoşgörünün size iyi gelecek olmasına rağmen, bir ilişkideki davranış için kendinize kızıyorsunuz. Veya tatilde 2 kilo aldığınız için kendinizden nefret ediyorsunuz? Veya topluluk arasında ağzınızı açtığınız an bunun sizin için sadece utanç verici bir şey olduğu hissine sahipsiniz.

Böyle bir durum bulduysanız, bunu "içsel yardımcınız"a anlattığınızı hayal edin. Burada önemli olan yanıtı beklemenizdir. "İçinizdeki yardımcı" ne diyor? Bu yanıtın temelde ihtiyaç ve duygularınızı kabul ettiğinden ve iyiliğinizi isteyerek size baktığından emin olun. Eğer durum böyle değilse muhtemelen Cezalandırıcı Ebeveyn Modu yine devrededir. Böyle bir durumda tümünü bir terapide görüşmek sizin için daha uygun olabilir. Ama eğer "içinizdeki yardımcı"nın verdiği yanıt size iyi gelirse bir adım daha atabilir ve ardından bir imgeleme alıştırması yapabilir-siniz. Cezalandırıcı Ebeveyn Modunuzun "vurduğu" bir durumda olduğunuzu hayal edin. Düşüncelerinizde, "içinizdeki yardımcı" yı da duruma dahil edin. Bu nasıl hissettiriyor? "İçinizdeki yardımcı" ne diyor? Ebeveyn Modunuzun etkisini daha da azaltmak için hayalinizde neye ihtiyacınız var?

Uyum Bozucu Ebeveyn Modlarını değiştirmek zaman alır ama buna değer! Hayatınızdaki bu modlara karşı bir şeyler yapmaya karar verdiğinizde; kendinizi nasıl daha özgür ve rahatlamış hissedeceğinizi ve kendi ihtiyaçlarınıza çok daha iyi bir giriş yapabileceğinizi göreceksiniz. Bunu yaparken hayattaki kriz ve sorunların (örneğin evlilik sorunları veya iş arkadaşlarıyla zorluklar) çoğu kez Uyum Bozucu Ebeveyn Modlarını da beraberinde getirdiğini düşünün. Bu, normaldir ve bu yolda devam etmeniz konusunda cesaretinizi kırmamalıdır!

# 10 Başa Çıkma Modlarının Azaltılması

Tüm diğer modlarda olduğu gibi Başa Çıkma Modlarında da önemli olan öncelikli olarak onları iyi tanımaktır. Hangi Başa Çıkma Modlarına sahip olduğunuz konusuna bir giriş yapabilmek için en iyi yol sizin bu konuyu düşünmeniz ve güvendiğiniz insanlarla fikir alışverişinde bulunmanızdır. Bu tabii ki bir terapist olabilir; bunun yanında arkadaşlar, eş, kardeşler veya iyi tanıdığınız iş arkadaşlarınız da bu konuda kesinlikle iyi birer bilgi kaynağıdırlar. Bunun dışında çevrenizdeki insanlardan hangi geri-bildirimleri aldığınızı düşünebilirsiniz. Başka insanların önemli şeylerden kaçtığınızı söyledikleri sıklıkla oluyor mu (Kaçınma Modu)? Veya niçin sürekli olarak küçük düşürülmenize izin verdiğiniz soruldu mu (Teslim Olma Modu)? Veya sıklıkla kibirli ya da ölçüsüz şekilde agresif olduğunuz için suçlandınız mı (Aşırı Telafi Modu)? Başkalarının bu tür yorumları Başa Çıkma Modlarınız hakkında bir şeyler öğrenmek için çok değerli bilgilerdir! Çünkü Başa Çıkma Modları içsel olarak sıklıkla nötr veya gayet iyi hissettiririrler. Diğer taraftan dışarıdan bakanlar hangi Başa Çıkma Modunun bizim için tipik olduğunu bazen bizden daha iyi algılarlar. Eğer Başa Çıkma Modlarınızı iyi anladıysanız bu değişir – o zaman Başa Çıkma Modunuza "kaydığınızı " tespit etmek sizin için daha kolay olacaktır.

## 10.1 Başa Çıkma Modlarını Tanımak

**Başa Çıkma Modlarınızı bulmak için sorular**

- Çevreniz ve iş arkadaşlarınızdan hangi geri bildirimleri alıyorsunuz?
- Değişik çevrelerden farklı insanların (örneğin; iş, hobi, özel hayat) benzer davranış şekillerini sizde gözlemlediği oluyor mu?
- Duygusal strese nasıl tepki veriyorsunuz? (örneğin; ilişki veya işyerindeki bazı sorunlar, kızgınlıklar)
- Bölüm 4'teki Başa Çıkma biçimlerinden hangisini kendinizde buldunuz?
- Arkadaş, eş veya diğer tanıdıklarınıza başka çıkma stilinizi nasıl değerlendiklerini doğrudan sorun! Bu kişilerin konuyla ilgili makul fikirlerinin olması mümkündür ama bunu size doğrudan doğruya söylemezler.

Bu sırada çoğu insan teslim olma veya kaçınmaya başvurduğunu kolaylıkla saptar. Çünkü bu örüntülere eğilimi varsa, kişinin sıklıkla duygusal olarak altından rahatlıkla kalkamayacağı durumlar içine girdiği açıkça hissedilir. Aşırı telafide ise bu biraz daha zordur. Bir kişi aşırı telafi içinde sıkışmışsa, örneğin kibirleniyor veya başkalarına saldırıyorsa, bu ona kendini çok iyi hissettirir; kişi olumsuz duygulara bu sırada bakmak istemez. Bu nedenle aşırı telaficiliği "itiraf etmek" sıklıkla daha zordur. Aşırı Telaficiliğin farkına varmak için yine bir imgeleme alıştırması yardımcı olabilir.

Alıştırma

**İmgeleme Alıştırması**

Teslim olma veya başka bir başa çıkma stilinin hayatınıza nereden geldiği konusunda emin değilseniz imgeleme alıştırması size yardımcı olabilir. Gözlerinizi kapatın ve kendinizi bu Başa Çıkma Modunun güçlü şekilde bulunduğu bir duruma götürün. Ne yaptığınızı, sesinizin nasıl çıktığını, ne söylediğinizi, hangi hisleri yaşadığınızı, bedeninizi nasıl hissettiğinizi yeniden duyumsayamaya çalışın. Eğer kendinizi mümkün olduğunca yoğun şekilde bu durumun içinde hayal edebildiyseniz o zaman bir ➛Duygu Köprüsü oluşturun. Ruhunuzu çocukluğunuza ve gençliğinize doğru götürün: İç gözünüzün önünde hangi resimler canla-nıyor? Hangi insanlar, durumlar, duygular ve ihtiyaçlar bunda pay sahibi? Daha önceki durumların da içine girip hissetmeye çalışın. Sonrasında alıştırmaya son verin ve şunu düşünün: Hangi örüntüler sizin için açıklık kazandı? Hangi sorular hâlâ yanıtsız?

Vaka Örneği 1

Helga P. sıklıkla arkadaşları ve eşinden şunu duymuştur: "Yine geri çekiliyorsun ve her zaman olduğu gibi işe karışmıyorsun." Bu yorum, Helga'nın büyük olasılıkla sosyal geri çekilmeyle birlikte gelen kuvvetli bir Başa Çıkma Modu olduğuna işaret eder. Geçenlerde komşusuyla olan bir anlaşmazlık üzerine düşündüğünde, gerçekten de bu durumda tartışmadan kaçtığını ve komşusuyla birkaç hafta karşılaşmamaya çalıştığını saptar. Bu örüntün nerelerde etkili olduğunu daha iyi anlayabilmek için eşine sorar ve bu konuyu sıklıkla dile getiren bir kız arkadaşından da konuyu daha iyi anlatması için ricada bulunur.

## Vaka Örneği 2

Jutta L. çok yardımsever ve fedakârca çalışan bir hemşiredir. İş arkadaşları tarafından sıklıkla uyarılmış ve her zaman herkesin almaktan kaçtığı, hoş olmayan görevleri aldığı söylenmiştir. Hatta birkaç arkadaşı böyle görevlere asla talip olmamıştır zira bir görevli arandığında Jutta'nın her zaman talip olacağını bilmektedirler. Bu durum kulağa Teslim Olma Modu gibi gelmektedir - muhtemelen Jutta L. yeni bir görev kapıda olduğunda kendini o kadar büyük baskı altında hissetmektedir ki, bu beklentiye her zaman boyun eğmekte, kendini feda ederek yormakta ve bunu çalışma zamanı ve katkısının sınırlarını gözetmeksizin yapmaktadır. Gerçekten de Jutta iş yerinde o kadar çok zaman geçirmektedir ki, arkadaşlarıyla olan bağını yavaş yavaş yitirmektedir. Müdürünün baskısıyla en sonunda iki hafta izine çıkar ve özel yaşamını tamamen ihmal ettiğini açık şekilde görür.

## Vaka Örneği 3

Narsist başhekim Markus L.'yi Bölüm 4.3'ten tanıyorsunuz. Eşi geçmişte de sıklıkla onun "gösteriş merakından" yakınmıştır. Eşi, başa çıkma yöntemleri hakkında birkaç şey okumuştur ve bir gün bu konuda düşünmesi gerektiğini söyleyerek, aşırı telafi üzerine bir makaleyi onun önüne koyar. Markus metni hızlıca okur ve çok kızar - eşine bunu yaparken ne düşündüğünü sorar. Sonra yalnızken ve bira içerken konu üzerinde biraz düşünür ve istemeden de olsa eşinin haklı olduğu bazı noktalar olabileceğini kendine itiraf eder; örneğin bir iş arkadaşı kendisinden daha fazla övülürse, kendini çok kötü ve reddedilmiş hisseder ve sesli şekilde konu hakkındaki görüşlerini ifade eder. Eşi birkaç gün sonra konuyu tekrar açtığında ona neden bahsettiğini anlamadığı söyler.

## 10.2 Başa Çıkma Modlarını Azaltmak

Burada ana amaç Başa Çıkma Modlarınızı, gerçek ihtiyaçlarınızın giderilmesinde size engel olmayacak şekilde azaltmaktır. Bunu yaparken, her Başa Çıkma Modunun temelde belirli bir haklılığa sahip olduğu ve hatta insanın belirli ölçüde farklı Başa Çıkma Modlarına sahip olmasının iyi olduğu gözönünde bulundurulmalıdır. Örneğin işyerinde bir anlaşmazlık olduğunda duygusal olarak mesafe bırakarak Kaçınma Modu devreye sokulabildiğinde, bu iyidir. Başa Çıkma Modları ile ilgili sorunlar, kişinin acı çekmesine neden olduklarında sorunludur. Çünkü o zaman, bu Başa Çıkma Modları kalıplaşmıştır ve ilgili kişi istese de bunlardan kurtulamaz.

**Avantaj ve dezavantajları bulmak.** Başa Çıkma Modunuzun nerede mantıklı olduğu ve nerede sorun yarattığı konusunda bir fikriniz olması için bir artı-eksi listesi yapmalısınız. Böyle bir liste yapmak için bir sayfayı 2 sütuna ayırın. Soldaki sütun "artı" tarafıdır. Burada Başa Çıkma Modunun tüm avantajları listelenir. Sağ taraf ise "eksi" taraftır. Burada dezavantajlar listelenir. Aşağıdaki kutuda örnek olarak Kaçınma Başa Çıkma Modu olan Dirk B.'nin *(Bölüm 4.2'e bakınız)* ve Aşırı Telafi Başa Çıkma Modu olan Markus L.'nin *(Bölüm 4.3'e bakınız)* modlarının avantaj ve dezavantajlarını göreceksiniz. Ekte bulunan Çalışma Kağıdı ile kendi Başa Çıkma Modunuzla ilgili siz de benzer bir "artı-eksi listesi" yapabilirsiniz. Artı listesinde sıklıkla kısa vadeli avantajlar yer alırken, eksi tarafta ağırlıklı olarak uzun vadeli sorunlar görünür. (➛Problemli Davranış)

| Başa Çıkma Modu | Avantajlar | Dezavantajlar |
|---|---|---|
| **Dirk B.: Başa Çıkma Modu olarak Kaçınma** | ➤ Hayal kırıklığını riske etmiyorum. Yani sınavlara gitmezsem, onları geçmemek gibi bir tehlikem yok.<br>➤ Yakın bir temas veya ilişki kurulmadığı için kendimi incinmekten koruyorum.<br>➤ Kendime karşı olan güvensizliğimle yüzleşmek zorunda değilim. ?TV izlerken kendimi güvende ve bağımsız hissediyorum.<br>➤ Kendimi başkalarıyla karşılaştırmaktan kaçabiliyorum. | ➤ Üniversitedeki arkadaşlarıma bana daha önceki sınıf arkadaşlarımdan farklı davranmaları konusunda şans tanımıyorum.<br>➤ Şu an belki de kabul edilmiş ve sevilmiş olma yaşantısını deneyimleyemiyorum.<br>➤ Arzu etmeme rağmen kız arkadaşım yok.<br>➤ Sınavlardan kaçtığım için amaçlarımı gerçekleştiremiyorum (Örneğin üniversite mezuniyeti).<br>➤ Hiçbir şeyi asla riske etmediğim için hiçbir şey kazanamıyorum (arkadaşlar, başarı). Bu da kendime verdiğim değer hissini daha da düşürüyor. |
| **Markus L.: Başa Çıkma Modu olarak Aşırı Telafi** | ➤ İlgili anda kendimi iyi ve üstün hissediyorum.<br>➤ Kendimi saydırıyorum, eleştirilmiyorum veya sorgulanmıyorum.<br>➤ Görünüşüm kendini doğrulayan bir kehanet gibi diğer insanların beni daha yeterli bulması ile sonuçlanıyor. | ➤ İş arkadaşlarım tarafından sevilmiyorum.<br>➤ Kritik bir durumda muhtemelen hiçbir iş arkadaşım bana sadık kalmazdı.<br>➤ "Kibirim ve gösterişim" ile eşimi sinirlendiriyor ve onu kaybetme riskine giriyorum.<br>➤ Kendimi iş arkadaşlarımla kıyasladığımda duyduğum şüphe ve güvensizlik beni kemiriyor. |

Umarız bu listeden Başa Çıkma Modunun hayatınızın hangi bölümlerinde sizin için özellikle rahatsız edici ve zararlı olduğu ve değişim için hangi noktaların başlangıç olabileceği konusunda açık bir resim çıkar. Ayrıca Başa Çıkma Modlarında sıklıkla avantaj ve dezavantajların en azından kısa vadede neredeyse dengeli olabileceğini görebilirsiniz. Bu nedenle Başa Çıkma Modunda amaç Cezalandırıcı Ebeveyn Modunda olduğu gibi bu moddan hemen kurtulmak olamaz.

**Değişiklikleri planlamak.** Bir sonraki soru şu olurdu: Başa Çıkma Modunuzu azaltmak istediğiniz yerler nereler? Nerede Sağlıklı Yetişkin Modu içinde iletişim kurmak istiyor, hislerinizi daha doğrudan göstermek ve ihtiyaç veya sınırlarınızı daha açıkça ifade etmek istiyorsunuz? Bu sorular hem özel hem iş ilişkileriniz için geçerlidir.

### Vaka Örneği

**Dirk B.'nin değişim istekleri**

- Üniversite eğitimimde seminer ve sınavlara katılmak istiyorum.
- Gelecek hafta bitirme tezimi konuşmak için hocamdan bir randevu almak istiyorum.
- Üniversitede yanlarında artık kendimi kötü hissetmeyeceğim en azından iki veya üç kişiyi iyi tanımak istiyorum.
- Artık haftada iki geceyi evde yalnız başıma geçirmek istemiyorum.

Başa Çıkma Modlarının değişimi için temelde hangi iş ve aktivitelerin sizi Sağlıklı Yetişkin Moduna getirdiğini bilmek çok iyidir (Bkz. Bölüm 5). Örneğin pek çok insan, başka insanlarla müzik yaptıklarında veya koroda şarkı söylediklerinde kendilerini çok iyi hissettiklerini ve artık kaçınma veya aşırı telafi yapmadıklarını anlatır. Bazı insanlar çocuklarla veya hayvanlarla vakit geçirirken, kendilerini o kadar emin hissederler ki; bir Başa Çıkma Moduna gereksinim duymazlar.

Hangi durumlarda Başa Çıkma Moduna ihtiyacınız olmadığını bilirseniz bu belki size başka durumlarla da baş etme konusunda yardımcı olabilir. Bu durumları bir çeşit içsel "güvenli yer" olarak kullanabilirsiniz.

Aşağıdaki alıştırma için hayalinizde iki duruma ihtiyaç duyacaksınız – biri "Başa Çıkma Moduna gerek duyulmayan "güvenli" bir durum, ikincisi normalde Başa Çıkma Modunuz ile tepki göstereceğiniz zor bir durum.

**Alıştırma**

Önce güvenli durum içine girin, örneğin korodasınız veya hayvanlarla birliktesiniz. Oradaki hisleri duyumsayın ve bu rahat, güvenli durumu olabildiğince sabit şekilde içinize demirleyin. Sonra zihninizde zor duruma gidin ve bunu yaparken güvenli ve rahat hisleri mümkün olduğunca yanınızda götürmeye çalışın. Bunu yaparken belki de iyi durumdayken yanınızda olan bir kişiyi de hayalinizde güvenli olmayan durumun içine götürebilirsiniz. Bu alıştırma ile güvenli olmayan duygularınızın belirli oranda değişip değişmediğini hissedin.

Teslim olmayı azaltmak. Neyi değiştirmek istediğiniz hakkında bir liste hazırladıktan sonra, hangi somut durumları farklı şekilde ele almak istediğinizi düşünün. Örneğin ofiste mantosunu birden fazla askıya asan iş arkadaşınızı bu konuda uyarabilirsiniz, bu sayede sizin mantonuz için de bir askı kalır. Veya ailenizde sizin dışınızda hiç kimsenin antredeki ayakkabıları toplamaması sizi kızdırıyor olabilir. Bunu yaparken değişimlerin sadece ufak adımlarla gerçekleştiğini göz önünde bulundurun. Ufak adımlarla başlayın ve dozajı yavaşça yükseltin!

**Alıştırma**

**Teslim olmayı azaltmak**

Somut, gerçekçi ve çok büyük olmayan ilk değişim adımlarınızı planlayın.

**Bir alternatif geliştirmek:** Nasıl davranmak istediğinizi düşünün. Önemli olan sadece başa çıkma davranışını artık göstermemek değildir. Değişimde olumlu bir "vizyon" sahibi olmak önemlidir.

Değişmiş davranışınızı kendinize öncelikle imgeleme alıştırmasında gösterin. Rahatça bir yere yerleşin. Gözlerinizi kapatın ve denemek istediğiniz yeni davranışınızı nasıl hayata geçireceğinizi keyifli bir şekilde hayal edin.

Vicdan azabının kendini gösterdiğini hissederseniz bunun Talepkâr veya Cezalandırıcı Ebeveyn Modundan kaynaklanıp kaynaklanmadığını kontrol edin ve buna Cezalandırıcı veya Talepkâr Ebeveyn Moduna karşı ge-lecek bir mesajla karşı gelin.

Şimdi "vizyon"unuzu önce basit bir durumda hayata geçirmeyi deneyin.

Eğer bunu tamamen başaramazsanız mutsuz olmayın. Bunu denediğinizde kesinlikle bir şeyler öğreniyorsunuz! Ve ufak bir adım da iyi bir adımdır!

Yeni, değiştirilmiş davranışınızı gittikçe gündelik hayatınızdaki daha fazla durumda uygulayın!

Elde etmiş olduğunuz gelişimler için kendinizi mutlaka ödüllendirin! Kendinizi övün ve içsel olarak kendi kendinizin sırtını sıvazlayın veya kendinize bir dondurma, güzel bir banyo, küçük bir armağan layık görün.

**Vaka Örneği**

Theo F. *(Bkz. Bölüm 4)* artık her zaman ve her yerde boyun eğmemeye karar vermiştir. Buna nerede başlayacağını da bilmektedir, bir müşterisinde başlayacaktır. Müşterisi aslında kendisinin uğraşması gereken yorucu işleri her zaman Theo'ya yaptırmaktadır. Bir sonraki buluşmalarında Theo desteğini sunmaz; müşteri bu işi onun alıp alamayacağını sorduğunda nazik şekilde reddeder. Bu toplantı sonrası kendini özgür hisseder ve gelecekte daha sık bu şekilde tepki vermeye karar verir.

**Kaçınmayı azaltmak.** Kaçınma davranışını azaltmak çok güç olabilir. Bunun nedeni kaçınmanın kısa vadede kişiyi rahatlatan bir davranış örüntüsü olması ve bu nedenle bu davranışın çok iyi şekilde güçlendirmesidir. Uzun vadede ise kaçınma büyük sorunlara yol açar. (➤Problemli Davranış)

Bazı problemli davranış şekillerinde insan farklı biçimde davranmaya başlarsa, bu hemen iyi sonuçlara yol açar. Teslimiyetçiliğe yatkınlığınız varsa ve aksi yönde davranırsanız vicdan azabı yaşayabileceğinizi göreceksiniz. Aynı zamanda muhtemelen ilk defada boyun eğmek zorunda olmamak size kendinizi iyi ve özgür hissettirecek. Kaçınmada ise durum ne yazık ki sıklıkla değişiktir. Bugüne kadar kaçındığınız şeyi, ilk kez göze alırsanız; bunu sadece stresli bulmanız ve olumlu deneyimlememeniz olasıdır. Çoğunlukla olumlu deneyimler zamanla gelir. Bu da; kaçınmanın azaltılması için sabır, tutarlılık ve uzun solukluluğa ihtiyaç olduğu anlamına gelir!

Burada kaçınmanın uzun vadeli dezavantajları konusunda net olmanız önemlidir *(Bkz. Bölüm 4)*. Bu, motivasyonunuzu korumanızda size yardımcı olabilir. Bunun dışında kaçınmanın azaltılması temelde teslim olmanın azaltılması ile aynıdır *(Bkz. Başa Çıkma Modları "Avantaj ve Dezavantajlar" Tablosu, s. 205)*.

**Vaka Örneği**

Dirk B. üniversite arkadaşlarıyla daha fazla ilişki kurmaya karar vermiştir. Bir sonraki ev partisi duyurulduğunda kendini cesaretlendirir ve arkadaşlarına partiye katılacağını söyler. O akşam kendisiyle uzun süre mücadele eder ve saat 23.00 gibi partiye katılır. Partide sadece birkaç tanıdık yüz görür ve çoğu misafir zaten oldukça alkollüdür. Dirk B. zamanının çoğunu ev sahibinin mutfağında yalnız geçirir ve kendini "uzaylı" gibi hisseder, rahatsız olur. Sadece, sömestr döneminden tanıdığı bir öğrenciyle kısa bir sohbeti olur. O da kendisi gibi bilgisayar oyunlarıyla ilgilenmektedir. Ama o, ertesi gün çalışmak zorunda olduğu için kısa bir süre sonra partiden ayrılır. Dirk Cezalandırıcı Ebeveyn Modunun nasıl hemen "çalışmaya başladığını" ve şu mesajı verdiğini fark eder: "Sen buraya ait değilsin." Partiden ayrılırken oldukça hayal kırıklığına uğramış ve gerilimden dolayı yorulmuş haldedir. Ertesi hafta partideki arkadaşına rastlar. Bu arkadaş Dirk'i başka arkadaşlarıyla birlikte bilgisayar oyunu oynamak üzere evine davet eder. Dirk bu daveti kabul eder ve bu daha küçük grupta kendini çok daha iyi hissettiğini fark eder. Başkalarıyla oynamak ve konuşmak ona iyi gelmektedir ve neşeli şekilde evine döner.

**Aşırı Telafiyi azaltmak.** Aşırı Telafiyi azaltmak için prensipte teslim olma ve kaçınmayı azaltmak için gerekli olan düşünceler geçerlidir. Bununla birlikte kaçınmada da olan tipik sorun burada daha da geçerlidir. O da, bu örüntünün değiştirilmesinin meyvelerinin belirli bir zaman sonunda toplanabilmesidir. Bu yüzden Aşırı Telaficilik örüntüsünü azaltmak çok zor olabilir.

Aslında kendinizi değersiz ve küçük hissettiğiniz zamanlarda, böbürlenmeye veya agresif davranmaya daha yatkın olduğunuz anları hayalinizde canlandırın. Şimdi bu davranışınızı aşırı telafi başa çıkma örüntüsü olarak kodlayıp, etkisini azaltmak istiyorsunuz. Kendinizi küçük hissettiğiniz bir sonraki durumda hava atmazsanız muhtemelen şu deneyimleri yaşayacaksınız: Öncelikle değersizlik duygunuzu daha da kuvvetli hissedeceksiniz çünkü artık Başa Çıkma Modu arkasına saklanamıyorsunuz. İkinci olarak muhteşem şekilde böbürlenmek insana kendini harika hissettirir. Çok iyi duygular sağlar; tatmin, güç ve üstünlük hislerine yol açar. Eğer bu örüntüyü değiştirmek istiyorsanız güçlendirmeden vazgeçmelisiniz. Üçüncü olarak belki de böbürlenmenizin çevrenize ne kadar antipatik geldiğini fark edeceksiniz – ve bunu fark etmek de hoş olmayacaktır!

Bütün bu deneyimler uzun vadede çok önemli ve değerli olacaktır – ama o an oldukça kötü hissettirir. Bu nedenle aşırı telafiye ara vermeyi başarabilirseniz kendinizle gerçekten gurur duymalısınız!

Hiç kuşkusuz insanlar genelde aşırı telafiyi azaltma konusunda sadece aşırı telaficiliğin dezavantajlarını gerçekten de çok belirgin şekilde hissettiklerinde motive olurlar – örneğin önemli insanlar kendilerine sırt çevirirse veya partner ayrılık tehdidinde bulunursa. Sıklıkla depresif dönemler veya sosyal korkular bunun sonucu olur. Kulağa sert gelse de aşırı telafi sonucu yaşanan bu tür olumsuz deneyimler başarı şansınızı belirgin şekilde yükseltir çünkü ne için çabaladığınızı biliyorsunuzdur! Bu tür olumsuz sonuçları fark etmiyorsanız, belki de Aşırı Telaficiliğin azaltılması hedefinden vazgeçersiniz. Bununla birlikte örüntülerle mücadeleniz yine de mantıklı olabilir, çünkü yaşamınızın bundan sonraki döneminde bu konuya yeniden dönmeniz olasıdır.

**Vaka Örneği**

Okul zamanında arkadaşları Thomas K. ile ergenlik sivilceleri nedeniyle alay etmiş ve mobbing uygulamıştır. Bu nedenle Thomas 20-30 yıldır kuvvetli yetersizlik ve utanç duyguları yaşamaktadır. Durumla başa çıkmak içinse kuvvetli bir Aşırı Telafi Modu geliştirmiştir. Bu modla kendini havalı ve yetkin göstermektedir. Mükemmel bir görünüş ve sonsuz bir başarıyla başkalarının gözünü boyamaktadır. Artık 47 yaşındadır ve gençliğindeki kadar enerjisi yoktur. Bu Başa Çıkma Modunun kendisi için gittikçe artan şekilde hırpalayıcı olduğunun farkına varmaktadır. Ayrıca işteki durum zorlaşmıştır. Alınan işler gittikçe azalmıştır ve kusursuz görünüş artık o kadar etkili değildir. Bu, Thomas için o kadar ağır bir yüktür ki; son yıllarda ağır depresif belirtiler geliştirmiştir.

Terapist, Thomas'ın dikkatini Aşırı Telafici Başa Çıkma Moduna çeker. Bu, Thomas için ele alınması zor bir iştir ama diğer taraftan bu konu şüphesiz onun için çok önemlidir ve üzerinde çalışmaya başlar. Örneğin "terapide süper akıllı yorumlar" yapmaktan vazgeçer ve bunun yerine kendi olumsuz duygularıyla yüzleşir. İşyerinde de kendi kişisel sınırlarını tanımlama ve mutlak başarı illüzyonuna veda etme denemeleri yapar. Örneğin bütün gece işyerinde kalıp çalışmak yerine yöneticiye bu iş için daha önce planlanandan daha fazla zamana ihtiyaç duyduğunu söyler.

Thomas, kendini açık bir şekilde ortaya koyduğunda ve incinmişliğini gösterdiğinde, bu değişiklikleri çok zor bulur ve kendini sürekli olarak tehdit altında hisseder. Bununla birlikte genel toplamda tecrübelerinin sonucu iyidir. Başka insanların onu anladığını ve severek desteklediklerini görmek ve kendisinin de bunu hissetmesi onun için büyük bir deneyimdir. Ayrıca kendini artık o kadar yalnız hissetmemekte ve görevleriyle çok daha iyi şekilde başa çıkmaktadır.

Agresif aşırı telaficiliğe yatkınsanız başa çıkma örüntülerinizle güçsüzlüğünüzü itiraf etmeye karşı çok iyi bir koruma sağlamışsınızdır. Bunu değiştirmek istiyorsanız, kendinizi içsel olarak korumak amacıyla başka yollar bulmanız çok önemlidir. Her insan kendini koruyabilme hissine ve zor durumlarda sığınabileceği "güvenli bir yere" ihtiyaç duyar. Bu nedenle hemen büyük planlar yapmayın ve yine agresif örüntü gösterirseniz kendinizi mutlaka bağışlayın – burada konu, işleri mükemmel şekilde değiştirmek değildir; önemli olan kişinin kendi üzerinde ısrarlı ve düzenli şekilde çalışmasıdır!

**Vaka Örneği**

Caroline S. *(Bkz. Bölüm 4.3)* Agresif Başa Çıkma Modu nedeniyle pek çok kavgaya karışmış ve polisle yüzyüze gelmiştir. Bu nedenle Başa Çıkma Modunu değiştirmesi için birçok iyi vardır ama çevresine daha az agresif davranmayı denediğinde terk edilmişlik ve çaresizlik duygularını aşırı şekilde hisseder. Onun için önemli olan agresif tepkilerini "hemen" kenara koyamayacağını kendine itiraf etmesidir.

Caroline başkalarıyla Başa Çıkma Modu üzerine konuşmayı öğrenir. Bu, onun için durumdan çıkmanın yoludur. Stresli durumlarda sürekli olarak nefes alır ve agresif bir tepki için kendini hazırladığını hisseder. Zamanla böyle durumlarda şöyle demeyi (bazen sadece kendisine) öğrenmiştir: "Bir dakika sanırım yine agresyon geliyor. Bana nefes almam için bir dakika ver!" Çevresi bu değişime anlaşılabileceği gibi sevinçle tepki verir ve "sinirinin geçmesi" için ona severek zaman ve yer verirler. Zamanla bu işi daha kolay halletmeye başlar.

Ekte bulunan "Başa Çıkma Modunu Değiştirmek" başlıklı Çalışma Kağıdı, Başa Çıkma Modunuzu adım adım azaltmanız için size destek olabilir! Hadi, gelecek hafta bununla başlayın!

Bu bölümle Başa Çıkma Modlarınızın nereden geldiğini, hangi başa çıkma mekanizmalarının sizde en önemli rolü oynadığını ve onları azaltmak için bu konuda ne gibi çalışmalar yapabileceğinizi umarız anlamışsınızdır. Belki başlangıçta belirli durumlara Başa Çıkma Modunuzda olduğuna kıyasla daha fazla Sağlıklı Yetişkin Modu ile tepki göstermek size biraz korkutucu gelebilir. Bu normaldir ve eğer çalışmaya devam ederseniz genelde hızlı şekilde azalır! Gittikçe artan alıştırmalar ile sınırlarınızı ve ihtiyaçlarınızı daha açık şekilde ifade etmenin ne kadar hoş olduğunu fark edeceksiniz. Yakınlarınızdaki insanlara sizdeki değişikliği algılayıp algılayamadıklarını ve bunu nasıl bulduklarını sorun. Başkalarından gelen geri bildirimler kişinin kendi davranışlarını ve bu davranışların başkalarına olan etkisi yansıtması açısından çok önemlidir.

# 11 Sağlıklı Yetişkin Modunu Güçlendirmek

Bu bölümü okurken daha önce ifade ettiklerimizi tekrar ettiğimiz izlenimi edineceksiniz, öyledir de! Diğer modlara yönelik yaptığımız tüm alıştırma önerileri için Sağlıklı Yetişkin Modu hayati öneme sahiptir. Artık biliyorsunuz: İncinmiş Çocuk Modları teselli edilmeli ve güçlendirilmelidir. Kızgın Çocuk Modlarına ihtiyaçlarını uygun şekilde dile getirmek için fırsat verilmelidir. Dürtüsel ve Şımarık Çocuk Modları sınırlarına alışmalı ve Kaçınma Modları azaltılmalıdır. Cezalandırıcı veya Aşırı Talepkâr Modlar artık biraz daha sessiz olmayı öğrenmek zorundadırlar! Tüm bu alıştırmalar, gelişme yöntemleri ve öneriler tabii ki kendilerine çıkış noktası olarak Sağlıklı Yetişkin Modunu almak zorundadırlar. Sağlıklı yetişkin, İncinmiş çocuğu teselli eder. Şımarık çocuğa sınırlar koyar. Başa Çıkma Modları ve Ebeveyn Modları ile pazarlık eder. Böylelikle hayatınız için planladığınız tüm değişikliklerde Sağlıklı Yetişkin Moduna merkezî bir rol düşer.

Sağlıklı Yetişkin Modunuzun görevi aynı zamanda; hangi öncelikleri koymak istediğinizi, en çok hangi değişiklikleri yapmak istediğinizi, ne kadar çok enerji yatırabileceğinizi ve kendinizi başarılı değişim adımları için nasıl ödüllendirmek istediğinizi düşünmektir. Bu düşünce bile Sağlıklı Yetişkin Modu için önemli bir iştir: Kendinizi Talepkâr Ebeveyn Modunun yapacağı gibi çok fazla zorlamayın. Disiplinsiz çocuğun önereceği gibi her şeyi bir defada istemeyin. İncinmiş çocuğun istediği tüm ilgi ve şefkati alabileceğini beklemeyin – burada da Sağlıklı Yetişkin Modu sınırları korumak ve gerçekçi kalmak için bu modlarla pazarlık etmek zorundadır.

Aşağıdaki düşünceler hedefleriniz ve planlarınızı tespit etmek ve bunlara ulaşmak için size yardımcı olabilirler.

**Alınacak örnekler.** Neyse ki, çoğu insanın hayatında kendine Sağlıklı Yetişkin Modu için örnek alabileceği kişiler vardır. Bu konuyu daha önce Bölüm 9'da ele almıştık. Kim derdiniz olduğunda size kulak kabartır ve sevgi dolu bakışlarla size bakar? Kendi ihtiyaçlarıyla başkalarının ilgi alanlarını dengelemeyi gayet iyi başardığını hissettiğiniz başka birisi var mı?

Pek çok durumda bu gerçek bir kişidir. Belki bir akraba örneğin bir teyze, büyükanne veya bir arkadaş. Bazılarının böyle bir gerçek yakını yoktur. Daha çok masal ve film figürlerini Sağlıklı Yetişkin Modu için örnek olarak alırlar ve bu olabilir. Önemli olan bazen kendinize iyiliğinizi isteyerek bakmanızı ve durumu gerçekçi şekilde değerlendirmenizi sağlayan içsel bir yol arkadaşınızın olmasıdır. Böyle birine sahip olmadığınızın farkındaysanız ve bu kitaptaki alıştırmalar sizin için zorsa bir "kaybeden" değilsiniz! Böyle bir durumda Sağlıklı Yetişkin Modunu güçlendirmek için bir terapistten yardım almak iyi bir fikir olabilir.

**Gerçekçi kalmak.** Yaşam mükemmel değildir, hiç kimse mükemmel değildir ve muhtemelen siz de hiçbir zaman mükemmel olamayacaksınız! Bu, umutsuzluğa kapılmak için bir neden değildir ve son derece de normaldir. Önemli olan bunu devamlı hatırlamanız, gökyüzünden yıldızları almaya çalışmamanız veya günde 60 saat gerektiren bir günlük program planlamamanızdır. Gerçekçi olmak kendi elinde olanı gözönünde bulundurmak anlamına gelir, ki bu da sosyal çevre, mesleki olanaklarınız veya maddi durumunuzu kapsar. Hayatınıza yön veren koşulları planlamayı, mevcut koşullardan en iyi sonucu elde etmeyi öğrenin! Gerçekçi olmanın bir anlamı da hayatta daha iyi ve daha kötü durumların olduğunu kabul etmenizdir. Yaşamınızın her günü, her zaman ve her durumda modlarınızı mükemmel şekilde dengelemenizi beklemek yanlış olur. Yaşamda iniş çıkışların olduğunu kabul edin-tabii ki kendi ihtiyaçlarınızı en yüksek düzeyde karşılamak için bunlara şekil verme konusunda çalışmalısınız ama gerçekçi sınırları kabul edin. Gerçekçi olmanın bir anlamı da durumu değiştirip değiştiremeyeceğinizi özenli şekilde tartmanızdır. Örneğin, yöneticinizle sürekli yaşadığınız anlaşmazlıkları değiştirmek istiyorsanız bunun sadece sizin elinizde olmadığını görebilirsiniz. Zira yöneticiniz o kadar zor bir insandır ki, tüm çalışanlar onunla anlaşmazlık yaşıyordur. Burada gerçekçi hedef daha çok yöneticinize karşı sınırları iyi belirlemek veya başka bir iş aramak olacaktır.

**Kendinize karşı dürüst olmak.** İnsanlar çok sıklıkla kendileri için birçok değişim arzu ederler ama bununla birlikte değişim çok büyük gayret gerektirir. Örneğin, öncesinde akşam lisesini bitirmek zorundaysanız, üniversite mezuniyeti isteğinize kavuşmanız uzun yıllar gerektirecektir. Daha sağlıklı yemek yemek, zayıflamak, sigarayı bırakmak veya düzenli spor yapmak beden sağlığınıza hiç şüphesiz çok yararlı olacaktır. Bununla birlikte bunların yüksek gayret ve disipline bağlı olduğunu göz önünde bulundurun. Bu amaçlara ancak gerçekten motiveyseniz ve çok enerji yatırırsanız ulaşabilirsiniz. Bu konuda açıklığa kavuşmak sizi hayallere daldıran sabun köpüklerini patlatabilir. Aynı zamanda örneğin kronik şekilde hayal kırıklığına uğramış olmak ve kendinden memnun olmamak da önemli temalardır.

**Kendi ihtiyaçlarım ve başkalarının ihtiyaçlarını dengelemek.** Bu kitabın tüm bölümlerinde konu, ihtiyaçlarınız ve bu ihtiyaçlarınızı gidermeyi nasıl başaracağınız olmuştur. Bunu yaparken her zaman önemli olan başka insanların da ihtiyaçları olduğunu, bizim özgürlüğümüzün sınırlarının başkalarının özgürlüğü olduğunu gözönünde bulundurmanızdır. Genelde uzlaşma sağlanır ve amacımız da uzlaşmayı aramak olmalıdır.

Bazen insanlar en sonunda kendilerinin de ihtiyaçları olduğunu hatırlarlar ve çevreleri buna alışkın olmadığı için çok şaşırır. Burada önemli olan kişinin kendi iyiliğini düşünerek kontrollü adımlar atması ve çevreye de bu değişikliklere alışması için zaman vermesidir. Örneğin bu güne kadar eşinizi onsuz tatile gideceğiniz konusunda hiç "şoke etmediyseniz" bu konuda birden hızlı değişiklik yapmayın. Bunun yerine zamana yayarak yol alın... Eğer çevrenizdeki biri yaptığınız değişikliklere tepkili davranırsa önce biraz bekleyin – belki zamanla buna alışır. Alışmazsa, onunla konuşmak genellikle iyi bir çözüm olabilir.

**Somut olmak.** Bazıları sıklıkla, yıllarca değişim yönünde tam da belirli olmayan bir isteği kendileriyle taşır dururlar. Bunlar şöyle olabilir: "Daha bilinçli olmak istiyorum", "Daha dengeli olmak istiyorum" veya "Kendime daha çok dikkat etmek istiyorum." Bunlar aslında çok yararlı ve iyi hedeflerdir! Fakat kuşkusuz bunlar oldukça belirsiz ve genel ifadelerdir. Terapideki deneyimlerimiz göstermiştir ki: Hedeflerinizi ne kadar somut formüle ederseniz ve bu hedefler gerçek davranışınızın ne kadar yakınında bulunuyorsa, sizin de hedefleri başarılı şekilde hayata geçirme şansınız da o kadar yüksek demektir! Aşağıdaki sorular size örneğin "daha bilinçli olmak istiyorum" ifadesi için hedeflerinizi daha somut hale getirmenizde yardımcı olabilir:

➤ İnsanın daha bilinçli olması nasıl bir şeydir?
➤ Bilinçli davranan bir insan olarak kimi tanıyorum? Bu insan bunu nasıl yapıyor? Onun bilinçli olduğunu nasıl anlıyorum?
➤ Hangi durumda daha bilinçli olmak istiyorum? Bu durumda bilinçli davransaydım, nasıl olurdu? Başkaları bunu nasıl anlardı?

Ekte bulunan "Değişimlerim" başlıklı Çalışma Kağıdı öncelik belirleme konusunda ve güncel değişim olanaklarınızın gerçekçi şekilde değerlendirilmesi konusunda yardımcı olabilir.

**İmgeleme alıştırmaları.** İmgeleme alıştırmalarını sıklıkla okudunuz. İmgeleme alıştırmalarını yaparak –belirli şeyleri bu modda yaptığınızı hayal ederek– etkili bir şekilde Sağlıklı Yetişkin Modunuzu güçlendirebilirsiniz. Örneğin, belirli bir durumda her zaman ilgi alanlarınızı dile getirmekten vazgeçiyorsanız, bunu daha önce istediğiniz şekliyle hayal edin! Rahat edin, gözlerinizi kapatın ve içsel gözünüzün önünde Sağlıklı Yetişkin Modunda hareket ettiğiniz bu durumun filmini izleyin.

Bu, size okurken gülünç gelebilir ama deneyin! Pek çokları hayallerinde prova etmenin zor durumlarda gösterdikleri tepkilerini değiştirmekte kendilerine şaşırtıcı şekilde yardımcı olduğunu anlatır.

### Vaka Örneği

Judith P.'yi Bölüm 2.1'den tanıyorsunuz. Judith çocukluğunda ailesiyle birlikte pekçok kez taşınmış ve gittiği her yerde "yeni" olmayı deneyimlemiştir. Bunun sonucu olarak yetişkinken kendini sıklıkla dışlanmış hissetmiştir. Diğerlerinin kendisini orada istemedikleri gibi bir duygusu olduğunda (Cezalandırıcı Ebeveyn Modu) mutsuz şekilde geri çekilmiştir. (İncinmiş Çocuk Modu).

İmgeleme alıştırmasında Judith kendisini normalde onun için çok zor olan durumun içine sokar. Üniversite arkadaşlarından oluşan büyük bir grubun bir masa çevresinde oturduğunu ve hayat dolu şekilde sohbet edip, güldüklerini imgeler. Normalde daha çok kenarda kalan masaya tek başına otururken, imgeleme alıştırmasında diğerlerinin masasına gider ve kendisinin de oturup oturamayacağını sorar. Diğerleri bunu onaylayıp, bir başka sandalye için yer açar ve onu da konuşmaya dahil ederler.

Bir sonraki hafta gerçekten de benzer bir durum oluşur. İmgeleme alıştırması sayesinde hazırlıklı olduğu için Sağlıklı Yetişkin Modunda nasıl davranmak istediğini bilmektedir ve diğerlerinin yanına oturur. Bunu başardığı için sonrasında kendisini çok gururlu ve mutlu hisseder.

**Aktiviteler.** Sağlıklı Yetişkin Modunu güçlendirmek için hangi durumlarda ve hangi aktivitelerde bu modda olduğunuzu bilmek önemlidir. Özellikle de kendi hakkınızda Sağlıklı Yetişkin Modunuzun çok güçsüz olduğu konusunda bir izleniminiz varsa, bunu saptamak bazen zor olabilir. Tam da bu durumda bilerek, isteyerek, planlı şekilde muhtemelen Sağlıklı Yetişkin Modu içerisinde olacağınız şeyleri planlamak çok iyi olur. Ne tür deneyimlerin Sağlıklı Yetişkin Moduna ait olabileceği konusunu daha iyi anlamak için aşağıda aktiviteleri içeren bir liste görebilirsiniz. Bu listede Sağlıklı Yetişkin Moduna yol açabilecek aktiviteler içerir.

Aşağıdaki listede yer alanlar sizi Sağlıklı Yetişkin Moduna getirebilir...

- Yeni bir şey öğrenmek.
- İyi bir arkadaşla hayatta neyin önemli olduğu konusunda konuşmak.
- Kendiniz için sorumluluk üstlenmek.
- Spor yapmak.
- Bir şeyi tamir etmek.
- Her gün o gün neyi gerçekten de güzel yaptığınızı yazmak.
- Gazete veya bir kitap okumak.
- Bedeniniz için iyi bir şey yapmak (yoga, vücut bakımı, taze meyve yemek...)
- Yeni bir yemek tarifini denemek.
- Bir hobinizle ilgilenmek.
- Birine bir şey açıklamak veya bir şey yaparken yardım etmek.
- Yapılacaklar" listenizdeki bir şeyi halletmek ve sonrasında kendinizi ödüllendirmek.
- Kendinize üzerinde kendinizde neleri sevdiğinizi anlatan bir kart yazmak.

Öncelikle Sağlıklı Yetişkin Modunuza neden olan ve onu destekleyen şeylerin bir listesini yapın. Olumlu aktiviteler listesi bu konuda bir teşvik sunabilir.

Yaptığınız listeyi örneğin güzel şekilde yazabilir ve evinizin mümkün olduğunca merkezî bir noktasında veya odanızda bir yerde konumlandırabilirsiniz. Böylelikle liste gün içinde mümkün olduğunca fazla karşınıza çıkar. Eğer kendiniz hakkında olumlu yetişkin faaliyetlerinden kolaylıkla kaçındığınızı biliyorsanız, önemli olan kendiniz için bağlayıcı şeyler planlamaktır. Buna karşın çoğunlukla Sağlıklı Yetişkin Modu içindeyseniz yaşamınız büyük olasılıkla bu tür aktiviteleri içeriyordur. Aşağıdaki alıştırmalar olasılıkla sizin için olağan olduklarından, çok büyük rol oynamazlar.

**Davranış deneyleri.** Davranış deneyleri ile Bölüm 7.2'deki Kızgın Çocuk Modu ile tanışmıştınız. Bu deneyler size " oyun oynarcasına" sağlıklı yetişkinle yakınlaşmak için fırsat verirler. Bazen Sağlıklı Yetişkin Moduna öncelikle "sanki öyleymiş gibi" yaparak giriş yapmak iyi olabilir. Bu kişinin –aslında kendini hiç öyle hissetmese de– sağlıklı yetişkin gibi davranmak istediği somut bir durumu ele alması ile mümkündür (Örneğin kendi ihtiyaçlarını belirtmek). Örneğin kendine çok güvensiz ve ürkek biri davranış deneyi olarak işyerinde ekip toplantısında sempatik bir iş arkadaşıyla "havadan sudan konuşmayı" planlayabilir.

Tabii ki davranış deneyleri kişinin hangi davranışı değiştirmek istediğine göre farklılık gösterir. "Davranış deneyi" başlıklı çalışma kağıdı ve vaka örneği bunların nasıl olabileceği konusunda size fikir verebilir.

## Vaka Örneği

Mona K.'yı Bölüm 7'den tanıyorsunuz. Kuvvetli bir Dürtüsel Çocuk Modu bulunmaktadır. Sıklıkla partilere gitmekte, çok alkol kullanmakta ve kendini erkeklerle korunmadan yatakta bulmaktadır. Mona'nın üniversite eğitimi Dürtüsel Çocuk Modundaki davranışı nedeniyle oldukça tehlikeye girmiştir. Ancak artık kayıp gitmemek için Sağlıklı Yetişkin Modunun, "partici Mona"üzerindeki kontrolünü geri kazanmasının zorunlu olduğunu anlamıştır. Birkaç haftadır "baştan çıkmamak" için akşamları hiç dışarıya çıkmamıştır ama başka insanlarla iletişimi, müziği ve dans etmeyi özlediğini hissetmektedir. Bir davranış deneyi yaparak eğlence ve sorumluluk arasında denge kurmayı denemek ister.

Bu amaçla küçük bir karta Sağlıklı Yetişkin Modu mesajlarını yazar:

*Sevgili Mona, birazdan partide yine bir şeyler içmek ve sonrasında çok ileri gitmek kuvvetli şekilde baştan çıkartılmak durumunda olacaksın. Lütfen bir bira içmiş bile olsan dürtüsel çocuğun ayağını kapıdan dışarı atmış olacağını düşün. Üniversite eğitimini bitirmeyi başarmanın senin için önemli olduğunu ve senin böyle çılgın partiler yapmaya paran olmadığını hatırla. Ayrıca sana geçmişteki davranışının seni sıklıkla büyük tehlikelere attığını hatırlatmak isterim... Kendini yatakta bulduğun tipler gerçekten de senin dengin değil.*

Mona, davranış deneyi olarak üniversiteden bir kız arkadaşıyla partiye gitmeyi planlamıştır. Sağlıklı yetişkinin kontrolü elinde tutabilmesini sağlayabilmek için hiç içki içmemeyi ve en geç saat 01.00'de evde olmayı planlar. Sağlıklı yetişkin mesajlarını içeren kartı kendisine hatırlatma olması için çantasındadır. Herhangi biri ona alkol önerdiğinde buna nasıl tepki vereceğini önceden bir imgeleme alıştırmasında prova etmiştir.

Ayrıca o akşam sarhoş olmadığında müzik ve dansın daha çok tadını çıkartabildiğini deneyimler. Ertesi sabah utanacağı hiçbir şey yapmaz. Ertesi sabah bir önceki akşamki davranışından çok gurur duyar ve kendisine ödül olarak en sevdiği kafede sütlü kahve ile çikolatalı kruvasan ısmarlar.

Bu bölümde, genel bir bakış sunulmuş ve öncelikler koyan, gerçekçi kalan, kendi ihtiyaçlarını kabul eden ve başkalarının ihtiyaçlarıyla denge kuran Sağlıklı Yetişkin Modu ve onun içinizdeki payı ele alınmıştır. Bu da oldukça zor bir görevdir. Muhtemelen hiçbir insanın bunu kusursuz şekilde her zaman gerçekleştirmesi beklenemez! Bununla birlikte hemen hemen hiç Sağlıklı Yetişkin Moduna sahip olmadığınıza dair bir duygunuz varsa, önemli olan bunu kabul etmenizdir – o zaman (Şema) Terapi Sağlıklı Yetişkin'in içinizdeki payını planlı şekilde inşa edip, güçlendirmeniz için size yardımcı olabilir.

# III

# Ekler

# Modlara Toplu Bakış

Bazen bu kadar çok mod arasında "profesyoneller" bile genel bakışı kaybedebilirler. Bu bölümde size bir kez daha tüm modlar hakkında genel bir bakış sunmak ve tüm modları ortak bir resim içinde toplamak amaçlanmıştır. En sonda yer alan şekilden yararlanarak, hangi modların sizde aktif olduğu ve aralarındaki ilintinin nasıl işlediği konusunda kendiniz için bir özet çıkarabilirsiniz.

### *Çocuk Modları*

Çocuk modlarında algılama ve davranışlar sıklıkla çocukçadır. Çok kuvvetli ve yoğun duygular yaşıyorsak ve bunlar sadece içinde bulunulan durumla açıklanamıyorsa, çocuk modları aktiftir deriz. Bu, sıklıkla yakınlık veya otonomi gibi temel ihtiyaçlar karşılanmadığında olur. Çocuk modları İncinmiş, Kızgın ve Mutlu Çocuk Modları olarak üç ana başlık altında toplanabilir.

| | İncinmiş Çocuk Modu | Kızgın Çocuk Modu | Mutlu Çocuk Modu |
|---|---|---|---|
| **Hangi duygular bu modla ilgili olabilir?** | Utanç, yalnızlık, korku, mutsuzluk, tehdit | Hiddet, öfke, dürtüsellik, karşı gelmek | Mutluluk, kaygısızlık, merak, güvenlik |
| **Başka insanlarla ilgili olarak ne yaşandığında tipik olarak tetiklenir?** | ➤ Reddedildiğinde,<br>➤ Tehdit edildiğinde,<br>➤ Terk edildiğinde,<br>➤ Üzerine çok iş yüklendiğinde,<br>➤ Dışlandığını hissettiğinde. | ➤ Eleştirildiğinde,<br>➤ Reddedildiğinde,<br>➤ Ciddiye alınmadığında,<br>➤ Dışlandığını hissettiğinde,<br>➤ Sınırlandığını hissettiğinde. | ➤ Kabul gördüğünde,<br>➤ Aidiyet hissettiğinde,<br>➤ Sevildiğini hissettiğinde. |
| **Bu mod üzerinde çalışırken hedef nedir?** | İhtiyaçları algılamak ve anlamak. Bu ihtiyaçları kendi kendine karşılamayı öğrenmek. | Hiddetin arkasındaki ihtiyacın farkına varmak ve onunla ilgilenmek. Şımarıklığı, dürtüselliği, hırçınlığı mümkün olduğunca azaltmak. | Tam anlamıyla tadını çıkartmak. |
| **Bu modda ne yardımcı olur?** | ➤ Kişinin kendine karşı özenli ve sevgi dolu bir davranış takınması<br>➤ Duygulara izin vermek ve onları kabul etmek<br>➤ Ritüeller, ilişkiler, semboller, aktiviteler vb. üzerinden kişinin ihtiyaçlarını tatmin etmesi | ➤ İşin içinde olan modları anlayarak kontrolü geri kazanmak<br>➤ Karşılanmamış ihtiyaçlarla ilgilenmek *(Bkz. İncinmiş Çocuk Modu)*<br>➤ Kişinin kendi davranışının avantaj ve dezavantajlarını tartması<br>➤ Erken uyarı işaretlerini tanımak<br>➤ Alternatif davranış şeklinin alıştırmasını yapmak | ➤ Doğru dengeyi bulmak - Mutlu Çocuk Moduna zaman ayırmak<br>➤ Yeni aktiviteler keşfetmek<br>➤ Küçük şeylerden zevk almayı öğrenmek |

➤

| | İncinmiş Çocuk Modu | Kızgın Çocuk Modu | Mutlu Çocuk Modu |
|---|---|---|---|
| **Bunlara dikkat edin!...** | ➤ Cezalandırıcı Ebeveyn Modu ("Hislerin zaten önemli değil ki!")<br>➤ Başa Çıkma Modları (İhtiyaçlar kaçınma, boyun eğme veya aşırı telafi ile sadece görüntüde karşılanırlar. ) | ➤ Dürtüsel Çocuk Modu ("Şimdi sadece neyi istiyorsam onu yapacağım!") | ➤ Cezalandırıcı Ebeveyn Modu ("Bu, çocukca...") |

### *Ebeveyn Modları*

Uyum Bozucu Ebeveyn Modları başarı veya duygular ve ilişkiler konusunda abartılı isteklerde bulunur, (Talepkâr Ebeveyn Modu) ya da kişinin kendisinin değerini düşüren (Cezalandırıcı Ebeveyn Modu) içsel sesler veya mesajlar verirler. Bu modların kökenleri çoğunlukla çocukluk ve gençliktedir.

| | Talepkâr Ebeveyn Modu | Cezalandırıcı Ebeveyn Modu |
|---|---|---|
| **Burada konu şudur:** | ➤ Kişinin kendisinden aşırı beklenti içinde olması<br>- Başarı odaklı (başarı talep eden ebeveyn modu)<br>- Duygu ve ilişki odaklı (duygu odaklı Talepkâr Ebeveyn Modu) | ➤ Kişinin kendisini sıklıkla kesin veya genel şekilde değersizleştirmesi |
| **Bu modda kişi kendini şöyle hisseder...** | Üzerine çok iş yüklenmiş, yeteneksiz, baskı altında kalmış, yetersiz, suçlu | Nefret edilen, yetersiz, sevilmeye değmeyen, itici, reddedilmiş |

➤

| | Talepkâr Ebeveyn Modu | Cezalandırıcı Ebeveyn Modu |
|---|---|---|
| **Bu mod üzerinde çalışırken hedef...** | Talepkâr Modun mesajlarının gerçekçi ve kişiye yardımcı olacak şekilde değiştirilmesi. | Cezalandırıcı Modun hiçbir haklılığının olmadığının farkına varmak. Bu mesajlar mümkün olduğunca azaltılmalıdır. |
| **Bu modda ne yardımcı olur?** | ➤ Yardımcı ve yardımcı olmayan mesajlar arasında ayrım yapmayı öğrenmek<br>➤ Mesajın gerçeklik payını ve uygunluğunu kontrol etmek<br>➤ Gerçekçi olan ve değişimi motive eden yeni mesajlar geliştirmek | ➤ Ebeveyn mesajının kökenini tanımlamak<br>➤ Semboller, hatırlatma kartları, sevimli ve canayakın insanlarla iletişim yardımıyla cezalandırıcı sesi kısıtlamak |
| **Bunlara dikkat edin!..** | ➤ Başa Çıkma Modları: Sıklıkla başa çıkma modlarına başvurarak Ebeveyn Modlarından kaçmaya çalışırız. Ne yazık ki bu, genel kural olarak sadece kısa vadede işe yarar. | ➤ Başa Çıkma Modları: Sıklıkla başa çıkma modlarına başvurarak Ebeveyn Modlarından kaçmaya çalışırız. Ne yazık ki bu, genel kural olarak sadece kısa vadede işe yarar. |

### ***Başa Çıkma Modları***

Başa Çıkma Modları çoğunlukla insanların yaşamları boyunca geliştirdikleri davranış örüntüleridir. Kişi, bunları duygusal yük ve zor deneyimlerle başedebilmek için geliştirmiştir. Başa çıkmanın üç şekli vardır: Teslim Olma, Kaçınma ve Aşırı Telafi.

| | Teslim Olma | Kaçınma | Aşırı Telafi |
|---|---|---|---|
| **Burada konu şudur...** | Kişinin davranışlarıyla Talepkâr veya Cezalandırıcı Ebeveyn Moduna "itaat etmesi." | Bunlarla uğraşmak zorunda kalmamak için duygu ve sorunlardan kaçınmak. | Ebeveyn Modunun taleplerine tamamen aykırı olarak davranmak; başkalarını kontrol etmek, buyurgan olmak veya kendini onların üzerinde görmek. |
| **Bu mod kendini örneğin şuralarda gösterir...** | ➤ Hoş olmayan görevlerin gönüllü şekilde üstlenilmesi<br>➤ Hayır" diyememek<br>➤ Kendini başkalarına bağımlı yapmak (bağımlılık) | ➤ Zor durumlardan kaçınmak<br>➤ Bilgisayar oyunları, internet oyunları, TV vs. ile aşırı saptırma<br>➤ Alkol veya ilaçlar aracılığıyla algının buğulanması<br>➤ Kendi kendine coşkuyu arttırmak, örn. yemek yemek, porno tüketmek | ➤ Kendini beğenmek<br>➤ Aşırı kontrol<br>➤ İlgi çekmek amaçlı davranmak<br>➤ Agresiflik<br>➤ Başkalarını manipüle etmek |
| **Bu mod üzerinde çalışırken hedef...** | Teslim olmayı azaltmak. Çatışmalara tahammül etmeyi ve kendi ihtiyaçlarını tartmayı öğrenmek. | Kaçınmacı davranışı azaltmak. Kaçınmayı aşarak olumlu deneyimler elde etmek. | Aşırı telafiyi azaltmak. Ebeveyn mesajlarını ele almayı, onlarla uğraşmayı ve onları aşmayı öğrenmek. |
| **Bu modda ne yardımcı olur?** | ➤ Avantaj ve dezavantajları tartmak<br>➤ Davranış deneyleri: Alternatif davranışı denemek<br>➤ Sabırlı olmak, Başa Çıkma Modları yavaş değişir | | |
| **Bunlara dikkat edin!...** | Talepkâr Ebeveyn Modu ("Yaptıklarınla başkalarını memnun etmelisin...") | Cezalandırıcı Ebeveyn Modu ( "Beni zaten hiç kimse yanında istemiyor...") | Cezalandırıcı Ebeveyn Modu ("Zayıflıklarını gösterirsen herkes senin nasıl bir zavallı olduğunu anlar...") |

Ekteki Çalışma Kağıdı "son derece kişisel" modlarınızı açık bir şekilde görebilmenize yardımcı olabilir. Burada ilgili modla bağlantılı olduğunu düşündüğünüz ad, duygu, düşünce veya durumları not edebilirsiniz.

**Çalışma Kağıdı** | **Modum - Genel Bakış**

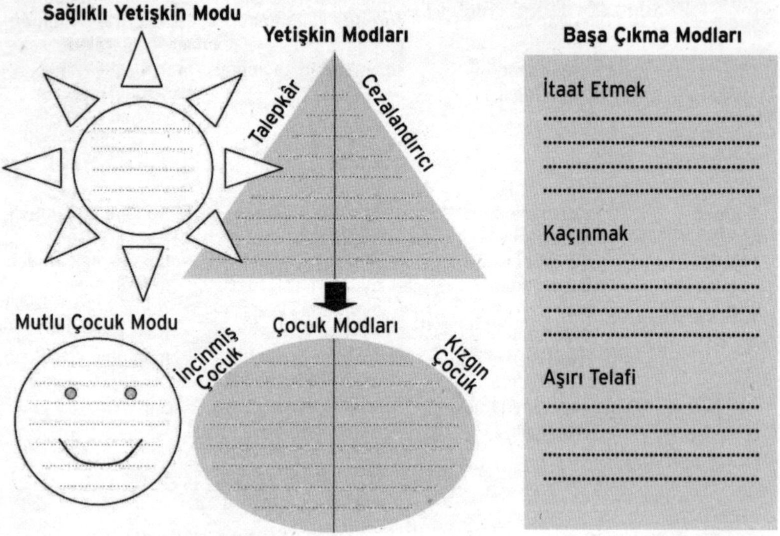

| Çalışma Kağıdı | Benim İncinmiş Çocuk Modum | (S. 1/2) |
|---|---|---|

Bu mod için adım (Örneğin: Küçük Lisa): ..........................................

(1) İncinmiş Çocuk Modunda olduğumu nasıl anlarım?

➤ Tipik **tetikleyiciler** nelerdir?

..................................................................................................

..................................................................................................

➤ Bu modda tipik olarak hangi **duygulara** sahibim?

..................................................................................................

..................................................................................................

➤ Bu modda tipik olarak hangi **düşüncelere** sahibim?

..................................................................................................

..................................................................................................

➤ Hangi **anılar** eşlik ediyor/tetikleniyor?

..................................................................................................

..................................................................................................

| Çalışma Kağıdı | **Benim İncinmiş Çocuk Modum** | (S. 2/2) |
|---|---|---|

➤ Bu modda tipik olarak **bedenimde** ne hissediyorum?

........................................................................................................

........................................................................................................

➤ Bui modda tipik olarak nasıl **davranıyorum**?

........................................................................................................

........................................................................................................

(2 İncinmiş Çocuk Modundayken sıkça başka bir moda geçiyor muyum? (Örneğin: Kızgın Çocuk veya bir Başa Çıkma Modu) Hangisine?

........................................................................................................

........................................................................................................

(3) İncinmiş Çocuk Modundayken neye ihtiyacım var? Hangi gereksinimim var?

........................................................................................................

........................................................................................................

(4) Gerçek ihtiyacım davranışım sayesinde gerçekleşiyor mu? (Örneğin: İlgi ihtiyacı.)

........................................................................................................

........................................................................................................

| Çalışma Kağıdı | **Benim Kızgın / Dürtüsel Çocuk Modum** | (S. 1/3) |
|---|---|---|

Bu mod için adım (Örneğin: Kızgın): ....................................................

(1) Kızgın Çocuk Modunda olduğumu nasıl anlarım?

➤ Tipik **tetikleyiciler** nelerdir?

........................................................................................................

........................................................................................................

➤ Bu modda tipik olarak hangi **duygulara** sahibim?

........................................................................................................

........................................................................................................

➤ Bu modda tipik olarak hangi **düşüncelere** sahibim?

........................................................................................................

........................................................................................................

➤ Hangi **anılar** eşlik ediyor/tetikleniyor?

........................................................................................................

........................................................................................................

| Çalışma Kağıdı | **Benim Kızgın / Dürtüsel Çocuk Modum** | (S. 2/3) |
|---|---|---|

➤ Bu modda tipik olarak **bedenimde** ne hissediyorum?

........................................................................................................

........................................................................................................

➤ Bu modda tipik olarak nasıl **davranıyorum**?

........................................................................................................

........................................................................................................

(2 Kızgın Çocuk Modundayken sıkça başka bir moda geçiyor muyum? (Örneğin: İncinmiş Çocuk) Hangisine?

........................................................................................................

........................................................................................................

(3) Kızgın Çocuk Modundayken neye ihtiyacım var? Hangi gereksinimim var?

........................................................................................................

........................................................................................................

(4) Gerçek ihtiyacım davranışım sayesinde gerçekleşiyor mu? (Örneğin: Saygı ihtiyacı.)

........................................................................................................

........................................................................................................

| Çalışma Kağıdı | Benim Kızgın / Dürtüsel Çocuk Modum | (S. 3/3) |
|---|---|---|

(5) Bu modda iken avantaj ve dezavantajlar var mı? Hangileri?

| | Avantajlar | Dezavantajlar |
|---|---|---|
| Kısa vadeli | | |
| Uzun vadeli | | |

| Çalışma Kağıdı | Benim Başarı Odaklı Talepkâr Ebeveyn Modum | (S. 1/2) |
|---|---|---|

Bu mod için adım (Örneğin: Çalışan): ......................................................

Öncelikle Ebeveyn Modunuzdan çıkan mesajları not edin. Şurası kesin ki; bunları kağıt üzerinde görmek hiç de kolay değildir. Ancak kuşkusuz ki; Ebeveyn Modunuzu mümkün olduğunca iyi tanımanız onunla mücadele etmek için önemlidir.

Başarı Odaklı Talepkâr Ebeveyn Modumun Mesajları:

..........................................................................................................

..........................................................................................................

(1) Başarı Odaklı Talepkâr Ebeveyn Modunda olduğumu nasıl anlarım?

➤ Tipik **tetikleyiciler** nelerdir?

..................................................................................................

..................................................................................................

➤ Bu modda tipik olarak hangi **duygulara** sahibim?

..................................................................................................

..................................................................................................

| Çalışma Kağıdı | Benim Başarı Odaklı Talepkâr Ebeveyn Modum | (S. 2/2) |
|---|---|---|

➤ Bu modda tipik olarak hangi **düşüncelere** sahibim?

................................................................................................

................................................................................................

➤ Hangi **anılar** eşlik ediyor/tetikleniyor?

................................................................................................

................................................................................................

➤ Bu modda tipik olarak nasıl **davranıyorum**?

................................................................................................

(2) Hangi mod benim Başarı Odaklı Talepkâr Ebeveyn Modumdan önce beliriyor? (Örneğin: İncinebilir Çocuk veya Talepkâr Moddan Cezalandırıcı Mod'a)

................................................................................................

(3) Başarı Odaklı Talepkâr Ebeveyn Modundayken neye ihtiyacım var? Hangi gereksinimim var?

................................................................................................

(4) Davranışım sayesinde temel ihtiyacım karşılanıyor mu?

................................................................................................

(5) Bu modun güvende olmak hissime ne etkisi var?

................................................................................................

| Çalışma Kağıdı | Benim Duygu Odaklı Talepkâr Ebeveyn Modum | (S. 1/2) |
|---|---|---|

Bu mod için adım (örneğin: Süper Dadı): ..............................................

Öncelikle Ebeveyn Modunuzdan çıkan mesajları not edin. Şurası kesin ki; bunları kağıt üzerinde görmek hiç de kolay değildir. Ancak kuşkusuz ki; Ebeveyn Modunuzu mümkün olduğunca iyi tanımanız onunla mücadele etmek için önemlidir.

Duygu Odaklı Talepkâr Ebeveyn Modumun Mesajları:

..........................................................................................

..........................................................................................

(1) Duygu Odaklı Talepkâr Ebeveyn Modunda olduğumu nasıl anlarım?

- Tipik **tetikleyiciler** nelerdir?

  ..........................................................................................

  ..........................................................................................

- Bu modda tipik olarak hangi **duygulara** sahibim?

  ..........................................................................................

  ..........................................................................................

| Çalışma Kağıdı | **Benim Duygu Odaklı Talepkâr Ebeveyn Modum** (S. 2/2) |
|---|---|

➤ Bu modda tipik olarak hangi **düşüncelere** sahibim?

..........................................................................................

..........................................................................................

➤ Duygu Odaklı Talepkâr Ebeveyn Modunun mesajları bana geçmişimdeki hangi kişiyi hatırlatıyor? Hangi anılar eşlik ediyor/tetikleniyor?

..........................................................................................

➤ Bu modda tipik olarak nasıl **davranıyorum**?

..........................................................................................

(2) Hangi mod benim Duygu Odaklı Talepkâr Ebeveyn Modumdan önce beliriyor? (Örneğin: İncinebilir Çocuk veya Talepkâr Moddan Cezalandırıcı Mod'a)

..........................................................................................

(3) Duygu Odaklı Talepkâr Ebeveyn Modundayken neye ihtiyacım var? Hangi gereksinimim var?

..........................................................................................

(4) Davranışım sayesinde temel ihtiyacım karşılanıyor mu?

..........................................................................................

(5) Bu modun güvende olmak hissime ne etkisi var?

..........................................................................................

**Çalışma Kağıdı** | **Benim Cezalandırıcı Ebeveyn Modum** (S. 1/2)

Bu mod için adım (örneğin: "Engizisyon Mahkemesi Üyesi"): ..................

Öncelikle Ebeveyn Modunuzdan çıkan mesajları not edin. Şurası kesin ki; bunları kağıt üzerinde görmek hiç de kolay değildir. Ancak kuşkusuz ki; Ebeveyn Modunuzu mümkün olduğunca iyi tanımanız onunla mücadele etmek için önemlidir.

Cezalandırıcı Ebeveyn Modumun Mesajları:

..........................................................................................

..........................................................................................

(1) Cezalandırıcı Ebeveyn Modunda olduğumu nasıl anlarım?

➤ Tipik **tetikleyiciler** nelerdir?

..........................................................................................

..........................................................................................

➤ Bu modda tipik olarak hangi **duygulara** sahibim?

..........................................................................................

..........................................................................................

| Çalışma Kağıdı | **Benim Cezalandırıcı Ebeveyn Modum** (S. 2/2) |
|---|---|

➤ Bu modda tipik olarak hangi **düşüncelere** sahibim?

.....................................................................................................

.....................................................................................................

➤ Cezalandırıcı Ebeveyn Modunun mesajları bana geçmişimdeki hangi kişiyi hatırlatıyor? Hangi anılar eşlik ediyor/tetikleniyor?

.....................................................................................................

➤ Bu modda tipik olarak nasıl **davranıyorum**?

.....................................................................................................

(2) Hangi mod benim Cezalandırıcı Ebeveyn Modumdan önce beliriyor? (Örneğin: İncinebilir Çocuk veya Talepkâr Moddan Cezalandırıcı Mod'a)

.....................................................................................................

(3) Cezalancıdırıcı Ebeveyn Modundayken neye ihtiyacım var? Hangi gereksinimim var?

.....................................................................................................

(4) Davranışım sayesinde temel ihtiyacım karşılanıyor mu?

.....................................................................................................

(5) Bu modun güvende olmak hissime ne etkisi var?

.....................................................................................................

| Çalışma Kağıdı | **Benim Mutlu Çocuk Modum** |
| --- | --- |

Bu mod için adım (örneğin: Neşeli Mimi): ..............................................
Mimi çocukluk dönemi lakabıdır

Mutlu Çocuk Modunda olduğumu nasıl anlarım?

➤ Beni Mutlu Çocuk Moduna getiren tipik durumlar nelerdir? Hangi insanlar, aktiviteler veya çevreler tetikleyicidir?

........................................................................................................

➤ Bu modda tipik olarak hangi **duygulara** sahibim?

........................................................................................................

➤ Bu modda tipik olarak hangi **düşüncelere** sahibim?

........................................................................................................

➤ Hangi **anılar** eşlik ediyor/tetikleniyor?

........................................................................................................

➤ Bu modda tipik olarak **bedenimde** ne hissediyorum?

........................................................................................................

➤ Bu modda tipik olarak nasıl **davranıyorum**?

........................................................................................................

**Çalışma Kağıdı** | **Benim Başa Çıkma Modum - Teslim Olma**

| | Bu davranışın kökeni | Başa çıkma davranışımın sonuçları<br>☹ = negatif<br>☺ = pozitif | Başka kişiler aynı duruma nasıl tepki veriyor? |
|---|---|---|---|
| 1. Kendinden örnek | | | |
| 2. Kendinden örnek | | | |

**Çalışma Kağıdı** **Benim Başa Çıkma Modum - Kaçınma** (S. 1/2)

| Benim Kaçınma Örüntülerim | Tipik Durumlar | Niye başka türlü değil de böyle davranıyorum? | Kaçınmamın Nedeni/Kökeni nedir? |
|---|---|---|---|
| Durmaksızın diğer insanlara haksız davranışlar konusunda şikayet ediyorum. Böylelikle çatışma ve değişimden kaçınıyorum. | İşyerinde başarı ve çabalarımın kıymetinin bilinmediğini hissettiğim durumlar.Partnerim davranışımdan memnun olmadığında. | Böylece dostluk ve yardım alıyorum. Sonrasında kabul edildiğimi ve bana acındığını hissediyorum. | Annem her zaman babamla ne kadar mutsuz olduğu konusunda bana ağlardı. Bu, benim için çok ağır bir yüktü ama daha sonra rahatlamış şekilde ilişkisini devam ettirebiliyordu. (Kaçınma için Model) |

**Çalışma Kağıdı** | **Benim Başa Çıkma Modum - Kaçınma** (S. 2/2)

| | | |
|---|---|---|
| | | |
| | | |
| | | |
| | | |

**Çalışma Kağıdı** | **Benim Başa Çıkma Modum - Aşırı Telaficilik**

| Bu davranış şekillerinden hangilerini kendimde tanıyorum? | Bunlar bende ne kadar güçlü şekilde mevcut? (0-100 arası) | Hangi durumlarda böyle davranıyorum? | Bu durumda gerçek ihtiyacım nedir? | Bu ihtiyaç davranışımla gerçekleşiyor mu? |
|---|---|---|---|---|
| Narsistik Kibir | | | | |
| Paranoid Kontrol | | | | |
| Zorunlu Kontrol | | | | |
| Dikkat Toplamak İsteyen Davranış | | | | |
| Agresiflik | | | | |
| Yalancılık ve Hile | | | | |

| Çalışma Kağıdı | **Benim Sağlıklı Yetişkin Modum** |
|---|---|

Bu mod için adım: ..........................................................................................

(1) Sağlıklı Yetişkin Modunda bulunduğumu nasıl anlıyorum?

➤ Bu modda tipik olarak hangi **duygulara** sahibim?

..........................................................................................

➤ Bu modda tipik olarak hangi **düşüncelere** sahibim?

..........................................................................................

➤ Bu modda tipik olarak **bedenimde** ne hissediyorum?

..........................................................................................

➤ Bu modda tipik olarak nasıl **davranıyorum**?

..........................................................................................

(2) Sağlıklı Yetişkin Modundaki davranışım doğrultusunda ilgili durumdaki temel ihtiyacım karşılanıyor mu?

..........................................................................................

..........................................................................................

(3) Bu modun güvende olmak hissime ne etkisi var?

..........................................................................................

..........................................................................................

**Çalışma Kağıdı** **Ebeveyn Mesajlarını Tanımlamak**

| **Cezalandırıcı veya Talepkâr Ebeveyn Modu Mesajı** | **Bu mesajın kökeni nedir?** | **Bu mesaj beni bugün bile ne kadar kuvvetli şekilde etkiliyor?** (0 = artık hiç etkili değil, 100= çok kuvvetli) | **Bu mesaj hangi durumlarda bugün bile aktive oluyor?** |
|---|---|---|---|
| "Sadece kendisi için bir şey yapan egoisttir." | Annem her zaman, herkes için kendini kurban etti. (Model Alarak Öğrenmek) Bana her zaman iyi bir annenin çocukları için her şeyi yaptığını söyledi. | Bugünkü anlamı: 87 | Kendime bir şeyi layık gördüğümde, örneğin pahalı bir elbise veya kendime ayıracağım birkaç saat. |
| | | | |
| | | | |
| | | | |

**Çalışma Kağıdı** **Ebeveyn Mesajları**

| Ebeveyn Mesajı | Biyografik köken | Mod |
|---|---|---|
| (1) | | |
| (2) | | |
| (3) | | |
| (4) | | |
| (5) | | |
| (6) | | |
| (7) | | |
| (8) | | |
| (9) | | |

## Çalışma Kağıdı | Ebeveyn Mesajına Karşı Çıkmak

Burada, Ebeveyn Moduna karşı çıkmak konusunda alıştırma yapabilirsiniz. Hayatınızın farklı dönemlerinde kazandığınız önemli deneyimleri sıralayın. Bunlar, Ebeveyn Modunuzun haksız olduğunu göstermelidir. Sizin için önemli olan insanların da kesinlikle Ebeveyn Modunuza karşı çıkan ifadelerini kaydetmelisiniz.

| **Benim Talepkâr veya Cezalandırıcı Ebeveyn Modu mun Mesajı** | **Hayatımın farklı dönemlerinden Ebeveyn Modumun haksız dlduğunu kanıtlayan deneyimler** |
|---|---|
| | |
| | |
| | |
| | |
| | |
| | |
| | |
| | |

**Çalışma Kağıdı** **Artı ve Eksi Listesi**

| Başa Çıkma Modu | Avantajlar | Dezavantajlar |
|---|---|---|
| Kendi Başa Çıkma Stilim: | | |
| Kendi Başa Çıkma Stilim: | | |
| Kendi Başa Çıkma Stilim: | | |
| Kendi Başa Çıkma Stilim: | | |
| Kendi Başa Çıkma Stilim: | | |

**Çalışma Kağıdı** **Artı ve Eksi Listesi**

Gelecek hafta Başa Çıkma Modunda yapılacak değişiklikler:

Şu durumda Başa Çıkma Modumu değiştirmek istiyorum:

................................................................................................

................................................................................................

Şu ana kadar her zaman şöyle davrandım (Başa Çıkma Modu):

................................................................................................

................................................................................................

Bunu değiştirmek istiyorum çünkü... (Başa Çıkma Modunun dezavantajları):

................................................................................................

................................................................................................

Sağlıklı Ebeveyn Modum bunun yerine şöyle davranmak istiyor:

................................................................................................

................................................................................................

Başarılı bir değişim için kendimi şu şekilde ödüllendiriyorum:

................................................................................................

................................................................................................

| Çalışma Kağıdı | Değiştirdiklerim |
|---|---|

| Neyi değiştirmek istiyorum? | (1) | (2) | (3) |
|---|---|---|---|
| **Bu değişiklik benim için ne kadar önemli?**<br>0 =hiç önemli değil,<br>100 = çok önemli. | | | |
| **Bir değişim benim için ne kadar gerçekçi, bir başka deyişle değişime olan etkimin büyüklüğü nedir?**<br>0 = hiç etkim yok,<br>100= sadece benim elimde. | | | |
| **Değişim konusundaki motivasyonumu nasıl değerlendiriyorum?**<br>0 =hiç motivasyon yok,<br>100 = çok yüksek motivasyon. | | | |
| **Bu konu için çaba göstermeye ne kadar hazırım?**<br>0 =hiç hazır değilim,<br>100 = çok yüksek hazırlılık. | | | |
| **Bu amacı gerçekleştirmek için neye ihtiyacım var?** | | | |
| **Amacımı gerektiğinde daha somut hale getirmek veya daha küçük ara amaçlara bölmek için ne gereklidir?** | | | |
| **Bu değişiklik başka hangi kişileri etkiler? Bu değişim bu kişiler için hangi sonuçları yaratır?** | | | |

| Çalışma Kağıdı | Davranış Deneyi | (S. 1/2) |
|---|---|---|

Hangi durumda Sağlıklı Yetişkin Modumun davranışlarımı belirlemesini istiyorum?

..........................................................................................

..........................................................................................

Tam olarak nasıl davranmak istiyorum?

..........................................................................................

..........................................................................................

Bugüne kadar bu konuda hangi modlar sorunluydu?

..........................................................................................

..........................................................................................

Sağlıklı Ebeveyn Modum bunun yerine şöyle davranmak istiyor:

..........................................................................................

..........................................................................................

İlgili durumda bana ne amacımı hatırlatabilir?
(Örneğin posta kartı, pantalon cebinde
taşınan bir sembol, hedefime ulaştığımın imgelenmesi.)

..........................................................................................

..........................................................................................

**Çalışma Kağıdı** | **Davranış Deneyi** (S. 2/2)

Kendisi için önemli olduğum bir insan beni bu konu hakkında nasıl cesaretlendirirdi?

..............................................................................................................

..............................................................................................................

Kendimi davranış deneyi için nasıl ödüllendirmek istiyorum?

..............................................................................................................

..............................................................................................................

# Terimler Sözlüğü

**Algıda Seçicilik:** Kişinin dikkatini sadece olumsuz şeylerin çekmesi. Ayrıca nötr olaylar sıklıkla olumsuz olarak yorumlanır. Bir başka deyişle "yalnızca tek bir fikre saplanma, diğer yanları görememe eğilimi". Örnek olarak 50 kişinin ilgiyle dinlediği konferansı son sıradaki iki kişi aralarında konuşarak dinlememektedir. Konuşmacı bu yüzden hiç kimsenin kendi konuşmasıyla ilgilenmediğini düşünüyorsa, bu algıda seçiciliktir. Zira onu ilgiyle dinleyen 50 kişiyi yok saymaktadır.

**Başa Çıkma:** Başa çıkma, kişiye zor gelen bir olay veya hayat döneminin ele alınma şeklini tarif eder. Başa çıkma stratejileri işlevsel veya uyum bozucu olabilir. İşlevsel başa çıkma, bir sorunun uzun vadeli, sürdürülebilir çözümüne işaret ederken; uyum bozucu başa çıkma sıklıkla sadece kısa vadeli olarak rahatlatıcı olarak etki eder ve uzun vadede problemin hayatta kalmasına yol açar.

**Duygu Durumsal:** Duygular için kullanılan bir başka terimdir. Duygu Durumsal ile güçlü duyularla belirli ölçüde veya güçlü şekilde ilintili ve duygusal heyecanın eşlik ettiği tüm yaşantılar ve davranış şekilleri anlaşılır.

**Duygu Köprüsü:** Güncel bir durum ile geçmişte bugünküne benzeyen bir hissin yaşandığı durum arasında varolan çağrışımsal bağlantıya denir. Burada önemli olan bu iki durum arasında içerik olarak benzerlik olması değildir. Önemli olan duyguların benzerliğidir. Örneğin, karşınızdaki kişinin soğuk sesi eğer sizi paniğe yöneltiyorsa, bu size babanızın sinir krizi geçirmeden önceki sesini hatırlatıyorsa; burada bir duygu durum köprüsü bulunur.

**Ebeveynleşme:** Ebeveyn ve çocuk arasında rol değişimini tanımlar. Bu olurken ebeveynler, ebeveyn işlevlerini yeterince yerine getirmezler ve çocuğa uygun olmayan, kaldırabileceğinden daha ağır bir "ebeveyn-rolü" yüklerler. Böyle bir durumda çocuk, örneğin diğer aile üyelerinin bakımını sağlar oysa kendi böyle bir şey için çok küçük ve gençtir.

**Güçlendirici (pekiştireç):** Belirli bir davranış sonucu olarak ortaya çıkan hoş bir duyguyu tanımlar. Böylece bu davranış ödüllendirilmiş olur ve bu davranışın gelecekte yeniden ortaya çıkma olasılığı yükselir. Örneğin küçük bir çocuk çok sinirlendiğinde çikolata alıyorsa, daha sonra da canı çikolata istediğinde aşırı öfke patlaması göstermesi olasıdır.

**Hiddet:** Bu duygular kuvvetli heyecan ve dürtüsel davranışlarla beraber gelir. Örneğin öfke, sinir veya karşı gelme.

**Histrionik Kişilik Bozukluğu:** Histrionik kişilik bozukluğu teatrel ve üzerine dikkat toplamak isteyen davranışla tarif edilir. Bu rahatsızlığa sahip kişiler sıklıkla ölçüsüz şekilde baştan çıkarıcı veya provokatif davranış gösterirler. Kendilerini ölçüsüz şekilde abartılı gösterirler, kolay etki altında kalırlar ve duygularını hızlı değişen ve dramatik bir şekilde ifade ederler.

**İhtiyaçlar:** İhtiyaçlar bir eksiklik durumunu gidermek ve istenen bir duruma erişmek çabasıyla ilintili olan dürtü ve gerilimin bir başka ifadesidir. (İhtiyaç Karşılama)

**İkincil Duygu:** İkincil (veya sosyal) duygu bir taraftan zamansal olarak temel duygudan biraz daha geç ortaya çıkan, kişi tarafından kavramsal olarak işlenen tepkisel hisleri tanımlar. Bunlar; utanma, kıskançlık, suçluluk, gurur vs. olabilir. Diğer taraftan bu, psikoterapideki şu fenomeni tanımlar: Özdeki duygu ile ön plandaki duygu farklıdır. Örneğin bir insan, eşine kızgın olarak ileri geri konuşup küfrediyorsa böyle bir durum sözkonusu olabilir. Bu kişi kendine gelip sakinleştiğinde "öfkenin altındaki" mutsuzluğu hissedecektir. Bu durumda mutsuzluk ikincil duygu olan öfke tarafından üzeri örtülen birincil duygudur.

**Histerik:** Histerik kişilik, karar vermek ve belirlemek konusunda korku ile tutunma ve destek isteği arasında bir çatışma içindedir. Her zaman yeni fikirler peşindedir. Burada önemli olan olayların göbeğinde bulunmaktır. Histerik kişilik günümüzde biraz değiştirilmiş teşhis ölçütlerine göre genellikle histrionik kişilik bozukluğu olarak tarif edilir.

**Mobbing:** Mobbing, (İngilizce '*to mob*' = laf atmak, saldırmak) diğer insanlara devamlı veya tekrarlanan şekilde düzenli olarak eziyet etmek, korkutmak ve ruhsal olarak yaralamak anlamına gelir. Bu, örnek olarak; okulda, işyerinde, bir spor kulubünde veya internette olabilir. Mobbing, kurbanının sağlığını ve aynı zamanda işyerindeki, özel hayattaki durumunu olumsuz etkiler.

**Model Alarak Öğrenme:** Model alarak öğrenme, kişinin başkalarında gördüğü ve belirli ölçüde "kopya çektiği", yeni davranış şekilleri öğrendiği bir öğrenme sürecini ifade eder. Model alarak öğrenme hem isteyerek (örneğin sporda teknik direktörün yaptığı hareketleri tekrarlamak) hem de istemeden (örneğin "kötü örnekler") olabilir.

**Oyalanma:** Oyalanma, gerekli ama hoş olmayan işleri halletmek yerine, sürekli olarak erteleme davranışını tanımlar.

**Problemli Davranış:** Problemli davranış, kısa vadede hoş olan ama uzun vadede çeşitli hayat bölümlerini tehlikeye sokan davranış örüntüsüdür. Tipik problemli davranış şekilleri örneğin; sigara içmek veya çok yemek yemektir – bu kısa vadede keyif ve tatmin getirir ama uzun vadede sorunlar oluşur (hastalıklar, kilo fazlası).

**Sosyal İlişkilerde Denge:** Sosyal psikolojide insanların sosyal ilişkilerini nasıl yaşadıkları ve biçimlendirdikleri incelenir. Yapılan araştırmalar bir insanın ilişkiye katkısı konusunda (Örneğin ortak ev işlerine ne kadar katılım sağlanıyor) kendi katkılarının payını tipik ve sistematik olarak abarttığını göstermiştir. Bu abartma oranı yaklaşık yüzde 50'dir. Örneğin siz bunları okurken spontan şekilde "kendi ilişkimde yüzde 65–75 arasını ben hallediyorum" diye düşünüyorsanız; objektif bakıldığında büyük olasılıkla ilişkiye katkınız yüzde 50'dir.

Bu genel bir kuraldır ve her durum için geçerli olmak zorunda değildir. Bununla birlikte, çok sıklıkla geçerlidir. Bu kuralı bilmek ve tanımak bir ilişkinin mutluluğu için çok yararlıdır.

**Temel Duygu:** Temel duygu bir uyarı sonrası ilk önce ve doğrudan ortaya çıkan duyguya işaret eder. Bunlar; sevinç, üzüntü, korku, öfke, şaşma ve iğrenme olabilir. Diğer taraftan psikoterapide problemli durumun "gerçek" içeriği temel duygu ile adlandırılır.

**Tetikleme:** Durumu başlatmak.

**Tükenmişlik** (*Burnout*): Tükenmişlik kişinin çeşitli nedenlerle geliştirdiği; yorgunluk, bitkinlik ve tüketilmişlikle ilişkili olan rahatsızlıktır. Kişinin kendini iyi hissetmesini, sosyal hayatını ve iş yaşamındaki verimini azaltır.

**Uyum Bozucu:** *Bkz. Başa Çıkma*

# Kaynakça


Arntz, A. & van Genderen, H. (2010). *Schematherapie bei Borderline-Persönlich - keitsstörung.* Weinheim: Beltz.

Fydrich, T., Renneberg, B., Schmitz, B. & Wittchen, H.-U. (1997). *Strukturiertes Klinisches Interview für DSM-IV, Achse II: Persönlichkeitsstörungen.* Göttingen, Hogrefe.

Jacob, G. & Arntz, A. (2011). *Schematherapie in der Praxis.* Weinheim: Beltz.

Young, J. E., Klosko, S. (2006). *Sein Leben neu erfinden.* Paderborn: Junfermann.

Young, J., Klosko, J. & Weishaar, M. (2008). *Schematherapie.* Paderborn: Junfermann.

**'Mod Terapisi'ni**
yararlı
bulduysanız

**'Korkular Takıntılar Tutkular Sözlüğü'**

ilginizi
çekebilir!

Hepimizde çeşitli nesnelere veya durumlara yönelik korku, takıntı ve tutkular olabilir. Örneğin kimimiz köpeklerden korkarız, kimimiz hediye alıp verme konusunda takıntılıdır, kimimiz içinse kitap okumak vazgeçilmez bir tutku halini almıştır.

Bahsedilen bu kavramlar, insanlık tarihiyle yaşıttır ve uygarlığın gelişimiyle birlikte yenileri çıkmaktadır.

Bazılarına gündelik hayatımızdan yakından aşina olduğumuz ve sonu -fobi, -manya ve -fili ile biten yüzlerce kavram, ülkemizde ilk kez birbiriyle bağlantılı ve düşündürücü bir şekilde bu sözlükte biraraya geliyor.

**Psikonet Yayınları • info@psikonet.com • www.psikonet.com**